北京联合大学一流本科课程《商业模式创新》建设项目

商业模式创新与实践

李剑玲　主　编

中国商业出版社

图书在版编目（CIP）数据

商业模式创新与实践 / 李剑玲主编 . -- 北京：中国商业出版社，2022. 3（2024. 1 重印）
ISBN 978-7-5208-1962-6

Ⅰ. ①商… Ⅱ. ①李… Ⅲ. ①商业模式-研究 Ⅳ. ①F71

中国版本图书馆 CIP 数据核字（2021）第 245375 号

责任编辑：张新壮　刘万庆

中国商业出版社出版发行
（www. zgsycb. com　100053　北京广安门内报国寺 1 号）
总编室：010-63180647　编辑室：010-83118925
发行部：010-83120835/8286
新华书店经销
三河市天润建兴印务有限公司印刷
*
710 毫米×1000 毫米　16 开　13. 5 印张　240 千字
2022 年 3 月第 1 版　2024 年 1 月第 2 次印刷
定价：68. 00 元
*　*　*　*

前　言

现有的以商业模式创新与实践为主题的书籍多以理论框架为主展开，一些学者还专门出版了商业模式创新案例的相关书籍。但在数字经济背景下，需要在现有商科发展的基础上，应对科技、社会、经济给新商科所带来的新挑战。我国的商贸服务业进入消费升级、互联互通、大数据、云计算、人工智能、共享经济和商业的3.0时代，已经完成了由过去的传统商业实体店到互联网电商，再到现在互联网线上+线下的发展。

"互联网+"、人工智能、商业智能技术日益进步，新经济迅猛发展，新一轮的科技革命和产业革命正在进行，互联网、云计算、大数据等新型技术与模式正深刻地改变着人们的思维、生产、学习方式，商业模式也在互联网化，互联网精神（平等、开放、协作、分享）也在颠覆与重构整个商业价值链。互联网时代下企业的商业模式发生了巨大的变化，企业的经营必然要从"以利润为中心"转向"以顾客为中心"。互联网时代商业模式创新的关键是顾客价值主张的创新，价值主张是商业模式的源头。鉴于此，我们编写组从理论篇和实务（案例）篇两个板块，对商业模式创新与实践进行了分析论述，尤其是对新时代"新科技·新经济·新商科"条件下，企业商业模式创新与实践案例进行了探索与研讨，选择典型企业商业模式创新案例，兼顾理论与实务（案例），实现理论讲授、实务（案例）、实训设计"三位一体"，也符合新商科背景下培养应用型商务人才的培养目标。

本书的内容主要包括两个部分：理论篇介绍商业模式创新的主要内容、形式和评价方法，以及商业模式创新发展趋势；实务（案例）篇的主要内容是不同业态的典型企业商业模式要素分析、商业模式创新点分析等，进行典型案例企业商业模式创新实践分析。

本书的理论篇有：商业模式概述及商业模式创新概述、商业模式创新形式、商业模式创新影响因素分析、商业模式创新路径、商业模式创新发展趋势、商业模式创新评价方法等内容；实务（案例）篇有华为、海尔、星巴克、小米、拼多多、盒马鲜生、亚马逊、携程、唯品会、海底捞、小红书、沃尔玛、抖音等企业案例商业模式创新实践分析。

在本书的编写过程中，编写组成员参加了商业模式创新学术研讨会及相关企业实地调研分析，查阅、分析并梳理了相关理论与实务案例资料，咨询了行业内知名企业的相关专家，并结合当代大学生学习兴趣与学习风格，在理论知识讲授的基础上增加了典型企业商业模式创新案例，以加深学生对这些理论知识与决策方法的理解和应用，提升学生应用商业模式创新理论知识进行企业商业模式创新设计及决策分析的创新实践能力。

在本书编写中，主编李剑玲老师就本书的理论篇框架和实务篇案例进行了研究分析设计。投融资管理 2019 级研究生张静静同学参与了理论篇的撰写，投融资管理 2020 级研究生樊响同学参与了实务（案例）篇的撰写。

本书内容丰富，结构合理，理论与案例紧密结合，注重知识体系的完整性和专业技术的前沿性。本书适用于大学企业管理与商业模式创新相关专业师生的教学、科研使用，也可供政府、企业、科研部门等相关领域从业人员参考。

由于编写组水平有限，难免有疏漏和不足之处，恳请广大读者批评指正。

资助项目：

（1）北京市社会科学基金——重点项目《基于生态位的京津冀城市群协同度模型及其应用研究》，项目号 18YJA003；

（2）北京联合大学“人才强校优选计划”——拔尖计划项目《基于“三生共赢”的京津冀协同发展评价模型与应用研究》，项目号 BPHR2020BS01；

（3）教育部产学合作协同育人项目《商业模式创新》示范课程项目，项目号 220601590240500。

本书编写组

2021 年 9 月于北京

目 录

第一部分 理论篇

第二部分 实务（案例）篇

第一部分

理 论 篇

第一章　商业模式概述

第一节　研究背景

当今市场瞬息万变，信息技术正在改变着企业竞争的本质和结构。市场竞争的空间层次更加丰富，竞争的主体从一个个具体的企业升级为不同的商业生态系统，如互联网企业的强大不仅仅是其自身实力的直接体现，更是由于其所在生态系统的繁荣；竞争的时间密度升级，新时代竞争下的企业几年间经历的变化甚至比传统竞争下的企业数十年的进程还要大，如小米从发布第一款手机到在国内手机销量夺冠只用了两年半的时间，市场竞争节奏越来越快；竞争影响的深度和广度加大，在新时代的竞争之下，颠覆行业霸主、重塑竞争格局已经成为常态，从智能手机到电动汽车，从网络购物到手机支付，兼具创新与抱负的企业带来的是人类生活方式的深刻变革。

商业模式正逐渐成为影响企业市场竞争和行业发展成败的重要因素，仅凭技术创新或产品创新已无法满足企业可持续发展的需要。近年来，凭借创新的商业模式取得竞争优势的企业层出不穷，许多新创企业利用其新颖的商业模式成功颠覆了在位企业的行业地位。正如管理大师德鲁克所说："如今企业之间的竞争，不是产品之间的竞争，而是商业模式之间的竞争。"对企业而言，确定企业商业模式是实施有效战略的基础，在当前的数字化时代下，完善的运营模式是企业向前发展的必要途径，对其合理的规划可以让企业形成完整高效的运行模式，以此增加企业的综合实力。《中华人民共和国国民经济和社会发展第十四个五年规划和 2035 年远景目标纲要》中明确指出，让产业链现代化水平明显提高是促进经济发展取得新成效的重要措施，而我国企业现代化建设水平不断提高，商业模式的研究价值在各行各业中都得以体现。

如同其他新兴学科，商业模式理论出现之后得到了迅速的发展，但是当前学者们对它的理解还是存在很大差异，部分企业家对商业模式的认识仍然不够清晰。近年来，关于商业模式的研究也受到越来越多不同领域学者的关注，在研究商业模式时，人们往往会与比如战略、营销、计划、组织等传统管理学理念混合在一起，目前对于商业模式的定义，尚未达成一致，尤其是在它与战略及业务模式的关系上，界限十分模糊。

当前，企业转型升级是适应国家创新驱动发展战略的必由之路，更是企业在瞬息万变的市场中立于不败之地的重要途径，然而企业应该向哪儿转，如何转，成了业界关心的焦点话题。从商业模式的视角出发，设计合理的商业模式是企业转型成功的关键。商业模式已经成为企业在新时代获得可持续竞争优势的重要来源。但是，关于企业的商业模式设计在现实中仍存在诸多问题。在现实社会当中，采用同一种商业模式的企业也会面临不同的发展结果，有的成功有的失败，因为商业模式能否成功受到管理、资源、环境等诸多要素的影响。

为此，本书第一部分是对商业模式和创业模式创新的基本理论进行系统的梳理，第二部分辅以典型商业模式创新案例的深入分析，有利于读者对商业模式有进一步的理解。

第二节 商业模式的内涵

一、商业模式的定义

商业模式（Business Model）作为管理学界新理论，其问世可以追溯到 20 世纪 50 年代。商业模式一经问世就受到学术界的广泛重视，得到了广泛的应用。20 世纪 70 年代，虽然已经出现了商业模式的相关研究文献，但对于大众来说，对商业模式的概念还是很陌生。直到 20 世纪 90 年代，专家和学者才开始大量研究它，不断有不同的学者基于不同的研究领域尝试扩充商业模式的概念，从而产生了基于不同领域的商业模式内涵的差异化解释，但学术界至今对商业模式尚无统一定义。在众多商业模式的定义中，Amit 和 Zott（2001）把商业模式定义为“一个互相联系、互相依赖的活动系统，这些活动决定了企业和它的顾客、合作伙伴、供应商的做事方式，以及这些活动如何被相互联结在一起”。简而言之，商业模式就是商业企业为顾客提供商品和服务价值，最终获得收益的经营要素的组合模式。

（一）国外商业模式研究动态

国外对商业模式的研究较国内早，关于商业模式这一概念的系统定义，最早由美国学者 Timmers 在 1998 年提出，他认为商业模式应该包含三个层面的内容：对商业活动参与主体潜在利益的描述，包含产品、服务和信息流的系统流程以及对收入来源的描述。

在 Timmers 研究的基础上，有学者从企业运营的角度出发对商业模式展开研究，Stewart 等（2000）从商业变现的视角出发，认为商业模式是企业能够获得并且保持其收益流的逻辑表达。Mahadevan B.（2000）认为，商业模式是企业与商业伙伴及买家之间的价值流、收入流和物流的特定组合。Applegate 认为商业模式简化了复杂的商业现实，这样的简化，可被商业模式用来分析商业活动的结构、结构之间的相互作用关系及商业活动是如何相应现实活动的。Pigneur Y. 等（2004）认为商业模式是一种商业管理工具，并将其应用到电子商务中。

从战略视角，学者们将商业模式的概念界定为关于市场策略、增长机会等方面的定位，相关变量通常包括创造价值、保持价值等方面，当前，国外对商业模式的定义大多是这个范畴。KMLab 顾问公司（2000）将商业模式定义为两种组合：一种为基本组合，包括人员建设等方面；另一种为特定组合，包括产品、服务、形象等方面。Dubosson-Torbay 等（2002）将商业模式定义为企业对伙伴网络为获得持续的收益，创造目标顾客群体营销、架构、关系资本。Sorescu A.（2011）认为商业模式是价值主张、为客户创造价值、传递价值、获取价值的过程。

整合类定义认为，商业模式是对经营方式、架构及战略等的提升。只有脱离之前对商业模式认识的单一性，才能实现上述目标。商业模式不仅仅是对企业运营结构的单一定义，也不是企业不同战略的简单相加，而是超越这些简单片面的狭隘定义，在整体上和运营结构、经济逻辑及战略三者之间的协同关系上说明企业商业系统运行的核心。近年来，众多国外研究者已尝试从此视角来探讨商业模式的定义及外延。Morris 等（2003）在研究诸多定义的前提下，为商业模式下了一个较完整的定义：商业模式本身只是一种简单的陈述，是为了加强企业管理，确保公司质量管理体系持续有效运行，解释企业的战略、运营架构以及经济逻辑等几个方面的关系的一个变量，指导企业要从整体上来获得竞争优势。Osterwalder 等（2002）去除了他们认为不应包括在内的因素，在对众多概念并在其基础上进行比较研究后指出，商业模式作为一种建立在许多要素及其关系之上，可以用来说明特定企业商业逻辑的概念，可用来解释企业通过创造顾客价值、建立内部结构的方法，也可以与伙伴形成网络关系来传递价值、创造关系资本、获得利润并维持收入流。Velu（2015）则将商业模式视为一种企业的组织结构设计。Madsen（2019）为了解释商业模型组件如何协同工作，以及如何在存在业务的网络和更广泛的生态系统中相互影响，开发了商业模型创新的概念框架。

（二）国内商业模式研究动态

关于商业模式的研究，除了国外学者有一些研究成果之外，国内学者也在不断丰富商业模式的研究，并取得了一定的研究成就。

从企业运营视角来看，王波等（2002）认为，商业模式是一种经营性的企业的运营机制，也是企业在动态的环境中改变自身从而实现盈利目的的战略模式。罗珉（2003）认为，商业模式是一个企业建立运作的基础假设条件，同时也是经营行为的手段与措施，是通过对组织、供应链伙伴、顾客、员工等利益相关者的整合来获得超额利润的一种战略创新和结构体系。

从价值创造视角来看，翁君奕（2004）从价值论视角出发，将商业模式视作一个由价值支撑、价值保持、价值主张构成的价值分析体系。他还指出，商业模式由三个界面共同组成，即内部界面、伙伴界面和客户界面，而这三个界面又包含了对象、内容、提交和回收四个价值要素。钱志新（2007）认为，商业模式是一种企业市场价值的实现模式，是企业对价值进行转化的机制，企业能够借助商业模式，实现价值创造、价值营销和价值提供，进而实现企业的价值最大化。朱武祥等（2009）认为，商业模式的本质，是利益相关者的交易结构，是企业战略问题的解决方法，是连接客户与企业的价值桥梁。原磊（2007）提出“4V”商业模式结构，具体包含价值主张、价值网络、价值维护和价值实现四个维度。詹志芳等（2011）认为，商业模式是客户、公司、伙伴、产品四者围绕价值而相互作用的关系。魏炜等（2012）认为，商业模式的本质是利益相关者进行交易的组织结构。

从系统视角来看，罗珉等（2015）认为，基于互联网背景，商业模式已经演变为对社群、平台、资源整合、产品设计的整体系统的描述。商业模式是推动企业发展的新路径（张茜，2015）。商业模式是跨边界的创造和获取价值的活动系统，而商业模式设计是基于价值主张的系统设计，同时包含了资源、流程、成本和收入等要素的运营模式和盈利模式（魏泽龙等，2019）。

二、商业模式的构成要素

商业模式的目的是让企业在竞争中取胜，商业模式关注的是能让企业在竞争中处于优势，甚至使企业一直处于优势地位。也就是说，这个模式要么难以被其他企业模仿，要么即便被模仿也无法被超越，即商业模式是能使企业在竞争中产生优势的工具。我们在探讨有效的商业模式时，应将其与竞争对手和行业标准联系起来进行分析。一方面，通过与主要竞争对手和行业标准的商业模式进行比较之后，分析如何构建出一个有优势的商业模式；另一方面，需更进一步分析在竞争对手与企业采用同样商业模式的情况下，如何使企业保持长久的优势，即优势的可持续性（今枝昌宏和王晗，2021）。

商业模式是企业在创造价值时所应用到的逻辑和方式，由一些具有一定内在联系和结构关系的要素构成。Osterwalder 等（2002）认为，商业模式建立在许多构成要素及其关系之上。划分和研究商业模式的组成要素，可以帮助我们更加清晰地描述和理解其具体的概念，主要代表学者对商业模式构成要素的分析研究如表 1-1 所示。商业模式各要素以更为具体的形态表现出来，并相互作用构成有机的整体，形成企业商业模式的具体形态。对这些要素的归纳和总结有助于更好地理解商业模式，以明确各个要素在商业模式理论中的作用及定位。在众多研究成果中，国内外学者使用较多的是 Osterwalder 的九要素模型，结合商业模式画布，在商业模式理论和实践中应用十分广泛。

表 1-1 商业模式构成要素的分析研究

作者	构成要素
Timmers 等（1998）	业务参与者及角色、参与者利益、收入来源
Mahadevan 等（2000）	价值流、收入流、物流
Amit 和 Zott（2001）	内容、结构、治理方式
Trudell 等（2001）	价值网络、核心战略、客户界面、战略资源
Weill 等（2001）	关键成功因素、核心能力、战略目标、收入来源、价值主张

续表

作者	构成要素
Chesbrough 等（2002）	价值链结构、价值主张、竞争战略、利润潜力、细分市场、成本结构、价值网络
Osterwalder 等（2002）	客户细分、收入来源、渠道通路、价值主张、合作伙伴、成本结构、客户关系、关键业务、核心资源
Voelpel 等（2004）	价值主张、价值网络、治理方式
翁君奕等（2004）	价值对象、价值内容、价值提交、价值回收
Shafer 等（2005）	战略定位、价值网络、价值创造、价值实现
原磊（2007）	价值维护、价值主张、价值实现、价值网络
Bouwman 等（2008）	组织、技术、服务内容、财务
魏炜等（2012）	关键资源能力、业务系统、企业价值、盈利模式、现金流结构、定位
郑娟等（2014）	客户界面、重要战略、关键物资、价值网络
汪寿阳等（2015）	隐性知识、显性知识
熊国钺等（2016）	价值主张、核心资源与能力、关键业务、定价与服务和盈利模式
吴晓波等（2017）	内部因素，包括管理认知、资源能力、组织活动和盈利模式等；外部因素，包括技术创新、情境因素、市场机会和企业的价值网络等
李鸿磊（2019）	交易机制、盈利模式、收支模式
刘志迎等（2019）	价值主张、资源整合、产品创造、营销模式、盈利模式
仝自强，李鹏翔（2020）	企业客户界面、产品服务、管理架构、财务表现
贺杰，顾明媚（2020）	价值主张、核心资源、关键业务、盈利模式
李亚男，彭雪蓉（2020）	客户细分、价值主张、渠道、客户关系、收入来源、核心资源、关键业务、重要合作以及成本结构

商业模式的分析，可以从商业模式的构成要素着手，通过表 1-1 的总结，可以看出不同学者对商业模式构成要素的划分存在一定差别，要素个数也从两个到 9 个不等，但从表 1-1 可以析取出商业模式的一些关键要素，例如顾客价值、核心资源、关键业务、收入来源等。通过归纳也可以发现：第一，构成商业模式的各个要素基本包括市场类、产品类、收益类、内部基础类以及协作网络类。市场类主要包括目标顾客，回答企业为谁创造价值的问题；产品类包括产品或服务，以及提供产品或服务的渠道和顾客关系要素，主要回答价值的载体或形态的问题；收益类包括收益方式要素，回答企业所提供价值的实现途径问题；内部基础

类包括构成通常的生产经营的企业内部价值链、核心能力及成本要素，主要回答企业如何进行资源与活动安排以提供价值的问题；最后是协作网络类，包括合作网络要素，回答在价值提供过程中企业在价值网络中与其他伙伴间的关系问题。第二，在所有商业模式的构成要素中，顾客及价值主张是被最频繁提及的一个要素，甚至是首要构成要素。商业模式强调以“顾客”为研究重点，从价值的视角出发，以为顾客创造价值为目的（冯雪飞，2016）。

三、商业模式的分类

分类是商业模式研究的一个重要内容。合理的分类方法不仅具有理论意义，可以让人深刻理解商业模式的内涵，而且具有实践意义，有利于商业模式的实际应用。商业模式的分类大致有以下三种方法。

第一，分析代表性企业的商业模式并进行归纳，总结出具有企业特色的商业模式类型，比如 Dell 直销模式、亚马逊模式、eBay 拍卖模式等。但该模型具有很强的企业个性特征，所得出的商业模式种类繁多，因此借鉴意义要大于适用性。

第二，进行大样本企业调查，归纳总结出不同的商业模式。如 Weill and Thomas（2004）对 1000 家美国大企业采用定量方法进行分类。他们利用两个维度（企业出售何种权利、企业在多大程度上改变资产性质）来构建基本模式原型，共获得 4 个基本模式原型和 16 种商业模式。其研究结论是：某些商业模式比另一些模式运营得更好，更能获得高绩效和利润。这种方法调查范围大、难度高，在已有文献中很少得到采用，但大量实例的归纳结果提高了可信度，是未来研究的难点和重点。

第三，通过逻辑推理构建商业模式框架，再根据框架要素差异区分类别。这类研究相对较多，多数学者倾向于运用理论推演和实例相结合的方法，遵循提出框架、确定要素、寻找案例支持的路径。不过，尽管这种先构建模式后寻找例证的方法有可能很好地抓住了商业模式的本质，但存在人为选择的缺陷。

目前，对商业模式的分类仍以要素差异为基础，然而模式组成要素的繁杂早已使分类工作成为一项艰巨的任务。不过，从商业模式发生学角度进行分类，却是一种新的尝试。这就要求在创业过程中探求商业模式的起源及其演进，寻找商业模式形成与差别化的决定因素，进而阐明企业巨大的经济潜力来源。通过对创业本质的揭示，才能更好地把握商业模式的差别特征（王丽娜，2016）。

第三节 商业模式与战略营销

“战略”一词原本是军事用语，指在战争中以取胜为目的的，一种长期性、综合性的策略。也就是说，战略是取胜的一种手段。战略是企业对未来的选择，其本质是解决企业向何处去的问题，谋求的是企业的长远发展方向，也是战略营销的出发点。而营销是在企业战略的指引下，将企业的产品或服务与购买者的需求联系在一起。

商业模式与战略不同，战略强调竞争，而商业模式更注重合作、伙伴关系和共同创造价值（Magretta，2002）；战略更关注价值获取以及竞争优势，而商业模式关注的是可持续的价值创造，并将价值创造与价值获取及拨付结合起来（Makinen 和 Seppanen，2007）。商业模式以价值主张、强调顾客角色为研究重点，以顾客为中心开展一系列价值创造活动（Chesbrough 和 Rosenbloom，2002；Mansfield 和 Fourie，2004），并概括了企业在对所有利益相关者的价值主张方面和企业用来创造与传递顾客价值的运营系统方面的主要细节特征（Seddon 等，2004）。

营销理念经历了顾客导向、整体营销的传统发展阶段后，逐步向战略营销理念进化。在早期顾客导向营销阶段，企业简单地以顾客为关注中心，围绕具体营销活动的产品、分销、价格、推广各个组成要素，提出了著名的 4Ps 营销组合要素。但随后企业意识到仅仅单纯以顾客为导向是不够的，对供给方来讲，还必须有人力、财力和技术等来生产产品、提供服务，并以一种周密完善的方式来不断开发和实施现代营销的功能。在随后的整体营销阶段，整体营销在本质上是指以顾客为导向，并通过对企业人力、财力和技术等资源的整体规划来为消费者提供产品和服务，从而实现现代营销功能的营销理念。随着科技的发展，人类生产的物质财富已经完全可以满足消费者的需求，唯一不能满足的是人们的欲望，事实上在不确定性时代，即使顾客本身也无法阐明自身的需求。从某种程度上说，消费者需求本身不是根本问题，根本问题在于如何超越竞争对手高效率地提高顾客价值以满足竞争的规则。企业的营销活动不再是简单的如何取悦顾客的问题，而是要同时解决顾客和竞争对手两个问题。经营环境的日益复杂和变化多端导致具有监视市场和竞争对手功能的战略营销的兴盛，战略营销理论也应运而生。战略营销是站在企业竞争战略高度进行营销方案的策划和营销战略的制定，是涉及企业总体发展的全方位营销。战略营销是一个体系，也是一个精细化的营销模式，它既包含传统营销的所有过程，又是传统营销的一次质变。

商业模式是一种包含了一系列要素及其关系的概念性工具，用以阐明某个特定实体的商业逻辑。它描述了公司所能为客户提供的价值以及公司的内部结构、合作伙伴网络和关系资本等用以实现（创造、营销和交付）这一价值并产生可持续、可盈利性收入的要素。事实上，由于外部因素改变了市场和竞争结构的组成方式和吸引力，营销和商业模式设计处于组织与其顾客、渠道成员，以及竞争的边缘，二者具有天然的联系。但由于在企业边界、价值网络等理念上的不同，二者又有明显的区别。

一、商业模式与战略营销具有天然的联系

（一）顾客需求是二者的共同出发点

战略营销强调站在企业战略的制高点上发现成长性的潜在需求，而商业模式首先强调的是明确目标客户和目标客户的隐性价值需求，从需求出发，找到企业业务成长的根基是二者的共同出发点。

（二）竞争优势是二者的共同核心

战略营销通过寻找企业与竞争对手之间的差距，将企业的营销活动融入企业的竞争战略之中，进而使得企业的营销活动以获取竞争优势为导向，并通过获取竞争优势以最终保证企业能够实现可持续发展。商业模式的设计与实施围绕企业竞争优势的建立与发挥而进行营销活动，竞争优势源于顾客，基于厂商所取得的顾客满意的程度；厂商超越竞争对手的顾客满意水平的程度，通过系统性创新，构建竞争优势跟竞争对手去抢消费者。

（三）顾客价值是二者的共同根基

战略营销秉承营销的基本理念，强调为客户创造价值、提供价值是营销活动的基本逻辑，而商业模式更是以顾客价值为主线，包括产品或服务的价值载体、销售和沟通过程的价值传承、业务运作过程的价值创造。

（四）内部整合与协同是二者的共同特点

战略营销强调组织与环境的联系，视营销为企业经营的整体职责，而不只是

一个专门职能，取得竞争优势需要企业各部门的集体行动和职能的整合。而商业模式所强调的业务运作的价值创造涵盖了整个企业从生产到销售，包括生产过程和流通过程的一切活动。

总之，战略营销和商业模式均以顾客需求为出发点，整合企业内部的价值创造各项活动，强调在提供顾客价值的基础上，建立企业的系统性竞争优势。商业模式在某种意义上来说就是企业战略营销活动的具体体现。

二、商业模式又不完全等同于战略营销

商业模式在设计和实施过程中不但考虑企业内部的资源和能力，还强调合作伙伴网络、关系资本、收入模式和盈利模式等商业生态系统的构建以及企业财务方面的诸多因素。从这方面来说，商业模式的理念、创新又不完全等同于传统的战略营销。

实际上，在传统的理念下形成的战略营销理论认为，企业在制定发展战略的时候更多地从企业的自身资源和优势来考虑企业的长远发展，或者是凭借企业领导人的商业直觉和商业灵感决定企业的发展方向。实际上，如果将企业的资源和优势放在整个社会层面或者产业层面，企业的优势未必是优，企业的劣势也未必是劣。

战略营销强调，通过竞争使企业紧盯着竞争对手的变化，而不是把目光放得更远。商业模式并不专注于与竞争对手的对抗，商业模式在强调顾客需求、竞争优势的基础上，更多地应该考虑顾客在哪儿，以及由此所形成的市场缝隙，描述了一项业务的各个部分是怎样组成的，以及各组成部分之间的内在联系，这个内在联系把各组成部分有机地串联起来，使它们互相支持、协同作用，形成一个良性的循环，并通过清晰描述企业同其他企业之间为有效地提供价值并实现其商业化而形成的合作关系网络、产品或服务的成本结构、收入模型等方面，通过进行系统性的颠覆式创新，构建系统性竞争优势以便更有效地获取顾客。当然，一个好的商业模式应该具有明显的竞争优势，并为企业赢得未来的竞争（冯雪飞，2016）。

第四节　常见的商业模式

一、运营性商业模式

运营性商业模式重点解决企业与环境的互动关系，包括与产业价值链环节的互动关系。运营性商业模式创造企业的核心优势、能力、关系和知识，主要包含以下几个方面的内容。

产业价值链定位：企业处于什么样的产业链条中，在这个链条中处于何种地位，企业结合自身的资源条件和发展战略应如何定位。

盈利模式设计（收入来源、收入分配）：企业从哪里获得收入，获得收入的形式有哪几种，这些收入以何种形式和比例在产业链中分配，企业是否对这种分配有话语权。

二、策略性商业模式

策略性商业模式对运营性商业模式加以扩展和利用。应该说，策略性商业模式涉及企业生产经营的方方面面。

业务模式：企业向客户提供什么样的价值和利益，包括品牌、产品等。

渠道模式：企业如何向客户传递业务和价值，包括渠道倍增、渠道集中/压缩等。

组织模式：企业如何建立先进的管理控制模型，比如建立面向客户的组织结构，通过企业信息系统构建数字化组织等。

每一种新的商业模式的出现，都意味着一种创新、一个新的商业机会的出现，谁能率先把握住这种商业机遇，谁就能在商业竞争中拔得头筹。

商业模式具有生命性，一个世纪前，金·吉利通过赠送产品来赢得财富，创造了一种新的商业模式，而今大多数商家都用打折或买一送一的方式来促销时，它就不再是一种商业模式；商业模式具有可移植性，如果今天我们生产剃须刀片的企业仍然通过免费赠送剃须刀来卖刀片，它就不能称为商业模式，而当新型的网络企业通过各种免费方式赢得眼球时，我们就能称这种免费形式为网络企业的新商业模式。在企业的创办过程中，每一个环节上会有多种创新形式，偶尔的一个创新也许就能改变企业的整个经营模式，也就是说，企业的商业模式具有偶然性和广阔的衍生性。

三、制造商领域的商业模式

所谓商业模式，是指企业根据自己的战略资源，结合市场状况与合作伙伴的利益要求，而设计的一种商业运行组织，这种商业运行组织一般会涉及供应商、制造商、经销商、终端商以及消费者等综合性利益，因此，商业模式是一种多赢价值体系下主导企业的战略性构思。商业模式不同于单一的渠道策略，商业模式更多的是一种基于利润结构为导向的组织结构性设计，而不是简单的一种渠道铺货策略。制造商、品牌商、经销商、终端商都有自己比较独特的商业模式。这里主要针对快速消费品与耐用消费品制造企业，因此，所指的商业模式主要是制造商（含品牌商）商业模式。目前，制造商商业模式主要有如下六种形式。

（一）直供商业模式

直供商业模式主要应用在一些市场半径比较小、产品价格比较低或者是流程比较清晰、资本实力雄厚的国际性大公司。直供商业模式需要制造商具有强大的执行力，现金流状况良好，市场基础平台稳固，具备市场产品流动速度快的特点。由于中国市场战略纵深很大，市场特点迥异，渠道系统复杂，市场规范化程度比较低，在全国市场范围内选择直供商业模式是难以想象的，因此，即使像可口可乐、康师傅等这样的跨国企业也开始放弃直供商业模式。但是，利润比较丰厚的一些行业与产业还是会选择直供商业模式，如白酒行业，很多公司就选择了直供商业模式。

（二）总代理制商业模式

这种商业模式为我国广大的中小企业所广泛使用。由于我国广大的中小企业在发展过程中面临着两个最为核心的困难，其一是自己组建的团队执行力往往比较差，它们很难在短时间内构建一个庞大的执行团队，而选择经销商做总代理可以省去很多当地市场执行层面的困难；其二是资金实力上的困难，中国中小企业资金实力普遍比较薄弱，选择总代理制商业模式可以在一定程度上占用总代理的一部分资金，更有甚者，可以通过这种方式完成最初原始资金的积累，实现企业的快速发展。

（三）联销体商业模式

随着大量中小企业选择采取总代理制商业模式，市场上好的经销商成了一种稀缺的战略性资源，很多经销商对于鱼目混珠的招商产生了严重的戒备心理，在这样的市场状况下，很多较有实力的经销商为了降低商业风险而选择了与企业进行捆绑式合作，即制造商与经销商分别出资，成立联销体机构，这种联销体既可以控制经销商的市场风险，也可以保证制造商始终有一个很好的销售平台。联销体这种方式受到了很多有理想、有长期发展规划的制造商的欢迎。例如，娃哈哈就采取了这种联销体的商业模式；空调行业巨头格力空调也选择了与区域性代理商合资成立公司共同运营市场，取得了不错的市场业绩。

（四）仓储式商业模式

仓储式商业模式是很多消费品企业选择的商业模式。很多强势品牌基于渠道分级成本很高、制造商竞争能力大幅度下降的现实，选择了仓储式商业模式，通过价格策略打造企业核心竞争力。例如，20 世纪 90 年代，四川长虹电视在我国市场如日中天，为降低渠道系统成本，提高企业在市场上的价格竞争力，长虹集团选择了仓储式商业模式，直接将产品配送到消费者手里。

仓储式商业模式与直供商业模式最大的不同是，直供属于企业不拥有直接的店铺，通过第三方平台完成产品销售，企业将货源直接供应给第三方销售平台；而仓储式商业模式是企业完全拥有自己的销售平台，并通过自己的销售平台完成市场配货功能。

（五）专卖式商业模式

随着我国市场渠道终端资源越来越稀缺，越来越多的我国消费品企业选择专卖式的商业模式。例如，五粮液提出的全国 2000 家专卖店计划，蒙牛乳业提出的蒙牛专卖店加盟计划等。选择专卖式商业模式需要具备以下三种资源中的任何一种或者三种均具备：其一是品牌。选择专卖式商业模式的企业基本上具备很好的品牌基础，消费者自愿消费比较多，而且市场认知比较成熟。其二是产品线比较全。要维系一个专卖店具有稳定的利润，专卖店产品结构就应该比较合理，因此，选择专卖渠道的企业必须具备比较丰富的产品线。其三是消费者行为习惯。必须看到，在广大的农村市场，可能这种专卖模式就很难起到推动市场销售的功能，因此，专卖式商业模式需要成熟的市场环境。

专卖式商业模式与仓储式商业模式完全不同，仓储式商业模式是以价格策略为商业模式核心，而专卖式商业模式则是以形象与高端为核心。

（六）复合式商业模式

由于中国市场环境异常复杂，因而很多快速消费品企业在营销策略上选择了多重形式。复合式商业模式是一种基于企业发展阶段而做出的策略性选择。但是，要特别注意的是，一般情况下，无论多么复杂的企业与多么复杂的市场，都应该有主流的商业模式，而不能将商业模式复杂化作为朝令夕改的借口，使得营销系统在商业模式上出现重大的摇摆。而且，我们应该了解，一旦选择了一种商业模式，往往在组织建构、人力资源配备、物流系统、营销策略等方面都应该做出相应的调整，否则，我们就不能认为这个企业已经建立了成熟的商业模式。每一次商业模式的革新都能给企业带来一定时间内的竞争优势。但是，随着时间的推移，企业必须不断地重新思考它的商业设计。随着（消费者的）价值取向从一个工业转移到另一个工业，企业必须不断改变它们的商业模式。一个企业的成败最终取决于它的商业设计是否符合消费者的优先需求（王丽娜，2016）。

第二章 商业模式创新概述

第一节 商业模式创新的内涵

随着世界经济全球化的不断深入和发展，商业模式创新探索与研究越发受到管理领域的学者们和现代企业家们的高度关注。学者们逐渐认识到，单独的某一种创新情况无法为企业带来长期有效的竞争优势，而商业模式创新的重要作用，开始逐渐为人们所认知与接受。被誉为现代管理学之父的 Peter F. Drucker，通过研究企业竞争模式和竞争策略发现，企业之间的竞争不仅仅要比拼商品与服务，还要比拼商业模式。商业模式研究的不仅仅是一个企业如何赚钱，如何获取稳定的收入和实现利润（Yunus 等，2010），更是一个企业如何合理运作，以达到在合理的利润和成本范围内将价值直接传递给消费者的过程为目的。现代企业商业模式，被时代和环境赋予了新的特征，不论从构成要素的组成还是从要素之间的关系上，都明显区别于已有的商业模式。当前国内外学者对于商业模式创新展开了广泛的研究。

一、国外商业模式创新研究的动态

国外关于商业模式创新的研究开始得较早，许多学者都对商业模式创新的概念提出了自己的意见。

基于战略视角，Hamel（2001）认为，企业进行商业模式创新就是制定出新的发展战略，这种形式的创新能够帮助企业打破现有的商业竞争规则，从而为企业和利益相关者创造出更大的价值，并且指出各个企业之间的竞争实质上就是商业模式的竞争。Shafer（2005）认为，商业模式创新从本质上来说是一种战略营销的创新。Aspara 等（2010）认为，通过重塑交易系统彻底改变现有行业规则的创新就是商业模式创新，其是一种潜在的战略导向。Elia 等（2017）也认为，商业模式创新主要体现在企业的战略行为上。

基于企业创新视角，Amit 和 Zott（2010）整理出商业模式创新是通过整合资源，对现有的活动系统进行修正与再设计；而创新是兼顾内外环境、核心要素、商业模式与网络的关系，充分整合企业能力与价值资源。Magretta（2002）认为，企业商业模式创新的过程多伴随对原有的价值链要素的修正设计。学者 Mitchell（2003）认为，不是所有企业的商业模式变化都能显著增强企业竞争力、提高销量、增加净利润、加速资金流动性的。改变商业模式中的一两个要素，仅仅是一次小小的改进，同时对四个以上的构成要素进行修改，才能算是开始了一次商业模式的更新；除此之外，还要给客户带来更好的产品、更好的服务，这样才算一次完整的商业模式创新。

部分学者从商业价值创造的视角对商业模式创新进行了定义，认为它是一种通过为消费者进行价值创造和价值传递，从而创造新的企业价值的方式，如 Aspara（2010）等学者认为，商业模式创新的意义包括重塑企业现有市场和产品结构、实现顾客价值新的增长、开发新销售渠道以及改变传统商业规则的创新。Amit 和 Zott（2010）得出商业模式创新是利用商业机会创造新价值的一种交易体系这一结论。Clauss（2017）通过整理大量学术文献，把各种观点进行充分对比分析后指出，商业模式创新是一种综合了价值创造、价值理念主张、价值资源获取等方面的综合创新与突破。因此，在进行商业模式创新的过程中，需要综合考量供应商、采购商、顾客、利益相关者等各个环节，不能只考虑各组成要素，还要注重内外部的资源的管理与再整合，同时也要兼顾微宏观环境对其产生的直接或间接的影响。

二、国内商业模式创新研究的动态

当前，商业模式创新已经成为国内学者的研究热点，与其相关的理论，类型和在企业中的运行机制以及依赖路径的研究变得越来越多，但是商业模式创新的内在逻辑关系到底是什么，还未达成共识。在当前国内学者对于商业模式创新的研究当中，部分学者从技术创新视角出发进行研究，也有学者从价值创造视角进行研究，还有学者从商业模式视角出发提出观点。

从技术创新视角来看，徐迪和翁君奕（2004）发现，商业模式创新的研究最早追溯到熊彼特提出的广义的技术创新的概念，这一概念涵盖了产品、工艺、市场、供应来源和组织管理的创新，其中，产品和工艺创新是与生产技术直接相关的创新，可以归纳为狭义的技术创新，而市场创新、供应来源创新和组织管理的创新区别于狭义创新，可以列入商业模式创新的范畴。技术是创新的基础和重要来源，新技术的出现能够促进现有流程、系统等的革新，更好地满足顾客的需求，改变原有交易方式，促进新兴商业模式的出现（齐严，2010）。高良谋等人（2014）通过对开放式创新理念进行探讨，提出商业模式创新与技术进行联系能够启发企业的经营发展，是企业进行经营管理发展的启发式思维，技术创新必须随着商业模式创新才能够释放其中蕴含的经济价值。

部分学者从价值创造的角度出发，杨锴等（2012）认为商业模式创新是一种源于满足消费者需要理念的商业价值，商业模式创新的重要性和意义不仅仅在于创造新技术或新产品，还在于为顾客创造新价值。周华（2015）认为商业模式创新是通过发现新的价值创造机会，创造新的商业规则、重塑组织结构以实现价值的过程。安宇飞（2021）提出商业模式一般指企业调动外部资源和内部资源以达成价值创造的模式，较好的商业模式能够使企业获得竞争优势，而商业模式创新便是对现有商业模式做出变动从而提升价值创造的效率。

也有一部分学者认为商业模式创新的对象就是商业模式，所以商业模式创新涉及商业模式构成要素的创新和整个商业模式的创新。谢德荪（2012）从源头出发，将商业模式创新分为技术创新与商业创新两类，技术创新是对自然规律的新的发现，是“始创新”；商业创新是对新价值的创造，其中分为“流创新”与“源创新”，商业模式创新为“源创新”。刘凯宁等（2017）认为：商业模式创新即商业模式创新要素的选择，提出了一种基于 NK 模型的商业模式创新路径选择方法。吴晓波等（2017）提出一个新的价值主张，进而对商业模式元素进行创新设计的过程即商业模式创新。

第二节　商业模式创新的理论基础

随着时代的发展，互联网的广泛应用，企业竞争的激烈加剧，商业模式也在与时俱进地作出相应的变化和创新。商业模式本质上是创造企业的价值，商业模式创新是改变企业价值的创造，商业模式的研究涉及企业战略等多个领域。（朱薇，2016）。

一、创新理论

商业模式是一个动态的持续完善的过程，而创新就是在原有基础上不断完善或破坏性重建的一个过程。熊彼特是创新研究的奠基者，他所构建的是个多方阐述构成的巨大理论体系。詹姆斯·厄特巴克提出的创新动力学提到“只有总体把握创新，企业才会长盛不衰”。他选择以“产品生命周期”为方法论工具，对创新行为进行动态的分析，大企业必须不停地应对来自外部创新带来的挑战，以此构成企业自我更新的过程。20 世纪 80 年代美国经济很多方面被日本超过，戴维蒂纳在对美国众多大企业进行研究时发现，企业利润的持续来源，不是提高行业壁垒和打击竞争者的垄断利润，而是创新特别是能力创新所产生的企业利润，这就是动态能力理论。以理查德·纳尔逊为代表的技术创新的演化理论突出了技术创新是一个长期演进的思想，他把企业的技术学习和技术能力的形成放在更广阔的制度背景之下进行考察，强调了对创新活动具有重要影响的知识基础和制度环境（袁博，2014）。

二、价值链理论

迈克尔·波特（1985）提出每个企业都是在设计、生产、销售、发货和辅助其产品的过程中进行种种活动的集合体，这些活动可以用一个价值链来展示，这些互不相同但又相互关联的生产经营活动，构成一个创造价值的动态过程，这就是其提出的价值链理论。这些活动可分为基本活动和辅助活动两类，基本活动是由内部后勤、生产作业、外部后勤、市场和销售、服务等组成的；辅助活动是由采购、技术开发、人力资源管理和企业基础设施等组成的。迈克尔·波特认为，企业创造价值的过程不仅是在企业内部，同时也在企业外部，于是在原有的基本活动和辅助活动的基础上，进一步构建了由供应商价值链、企业价值链、渠道价值链和顾客价值链共同组成的价值体系。在价值链分析中，基本价值链可以用来表明一个企业所从事的各种活动的价值链。企业从原材料采购到产品售出，每一个过程都有产生其对应的价值链。企业竞争优势的获得不仅有赖于单一价值链的运作，更取决于企业整个价值链系统的运作。企业进行新商业、新技术、新供应源、新渠道、新营销和组织结构的创新，这正是供应链优化的一部分内容，也可说是企业商业模式创新的部分内容。

三、资源基础论

（一）企业的学习能力

商业模式创新是企业人员、组织、设备和信息等各要素持续性积累和整体能力相结合的过程，是企业能力性知识连续性积累的结果。企业丰富的知识积累可以在创新过程中将知识转变成商业模式创新行为，要实现知识转变为商业模式创新，就必须依靠组织学习的水平。企业学习的终极目的是调动企业的知识存量，组织员工进行有效率的创新和生产活动。

（二）企业配置资源的能力

资源是企业的专用性资产，包括专利、商标、品牌、声誉、顾客基数和员工。从资源角度定义企业，企业不仅是一个管理单元，而且是一个生产性资源的集合体。很多学者认为企业能否获得高于平均水平的投资收益，很大程度上取决于企业的内部特点，强调要素市场决定企业是否成功。

（三）系统理论

商业模式作为一种描述和反映企业运营的工具，具有一定的系统性。商业模式关注企业运营的各个层面，从企业定位其产品和服务、客户的选择、各种资源的获取和利用、进入市场的方式等。同时这些层面也互相联系、互相影响。所以，商业模式创新是一个整体的系统，并不是对某一单一环节进行改良优化。在创新商业模式的过程中，应该从全局、系统的观点出发，在对商业模式的某一关键环节进行创新后，还要对商业模式进行整体审视，并以系统功效最大的原则做出相应的调整和创新。

第三节　商业模式创新的途径

商业模式创新的目的是实现资源配置的最优组合，为企业等利益相关者创造更多的价值。为了达到这一目的，企业必须对其内外部的资源、制度和模式进行调整、变革。因此，商业模式创新路径分析在商业模式创新研究中占据了重要地位。作为一项复杂的系统工程，商业模式创新的途径也多种多样（刘彦蕊，2017）。

一、提供新产品、新技术或者新服务

新产品、新技术或者新服务是企业运作和盈利的依托，是商业模式取得收益或价值创造的源泉。新产品、新技术或者新服务的创新与商业模式创新是相互融合的，依靠协同机制实现战略的、系统的、协同或耦合的发展。

企业的商品和服务只有获得顾客的认可，满足顾客的需求，才能在市场上立足，并获得更大的发展机会。在买方市场下，顾客拥有更多的选择权，顾客变得更加挑剔，这就给企业带来了更大的挑战。企业应敏锐洞察顾客需求，或者主动重新定义和发现顾客新需求，开发新的产品、技术和服务。

二、改变产品、技术或者服务的营销模式或者渠道

作为商业模式重要实施手段的营销设计也可以成为很好的商业模式创新途径。O2O 商业模式概念的兴起为传统企业增加了新的营销渠道与模式，带动了一批具有创新意识的企业快速发展。此外，通过减少分销渠道的方式，可以减少商品的流通成本，创造更多的顾客价值，使企业获得竞争优势。例如直销商业模式，由销售人员为顾客提供“一对一”的服务，直接把产品送到顾客手中。这样就减少了流通环节，降低了销售成本。随着互联网技术的发展，以互联网搭建网上交易的电子商务平台越来越多，生产商与消费者不经过经销商的商业模式也逐渐得到快速发展，这样的商业模式对传统直销企业的发展也带来了一定的冲击。

三、重新定义收入模式

企业通过改变收入介质与竞争者形成差异往往会获得新的利润。例如，沃尔玛主要的利润来源并不是产品的差价，它的收入模式是通过搭建平台获得庞大的资金流，然后用质押的庞大现金流进行投资来获取高额利润。

四、通过协同创新

商业模式创新的过程是一项复杂的系统工程，涉及产品研发、研发产品成功之后科技成果的销售以及进入市场后产品后期服务等一系列的问题。这个过程需要多方主体的协同。对此，Joe Tidd、John Bessant、Keith Pavitt 从市场、技术、组织三个方面强调了系统整体协同对创新绩效的重要性。我国学者许庆瑞也在创

新要素全面协同观的基础上提出了全面创新管理（Total Innovation Management，TIM）新范式，彭纪生、吴林海从宏观和微观层面分析了技术创新的协同模式，孙强、杨义梅对技术创新与管理创新的协同效应进行了研究。由此可见，协同创新对提升创新绩效非常重要，而固化下来的商业模式在一定程度上就是创新的绩效表现形式之一，协同创新是创新商业模式途径之一。

五、创新价值链视角

Magretta 认为，新的商业模式就是隐藏在所有商业活动下一般价值链上的变量，价值链由两个部分组成：一部分包括所有与生产有关的活动，例如设计、购买原材料、制造环节；另一部分包括所有与销售有关的活动，例如寻找并接触顾客、交易、分销渠道和售后服务等环节。他得出结论：一个新的商业模式或者起始于一个产品的创新，或者起始于一个流程的创新。通过产品研发、产品转移及产品售后服务等环节的创新可以形成更为难以模仿的商业模式。

总之，商业模式创新途径很多。可以从商业模式组成要素角度进行创新，也可以从商业模式价值链定义的视角，依据价值链产生过程对商业模式对应的每个环节进行创新。从总体上看，对于商业模式创新途径的研究或者实践活动，经历了从最初的主要侧重单个或者多个要素创新，到后来开始从系统的角度来看待商业模式创新，研究的视角也逐渐丰富起来。

第四节　商业模式创新的特征

相对于企业其他形式的传统创新，商业模式创新具有外向性、系统性、颠覆性和双边性/多边性四方面明显的特征（冯雪飞，2016）。

一、外向性

外向性是商业模式创新区别于其他创新的本质特征。商业模式创新更注重从市场和顾客的角度出发，从根本上思考设计企业的行为，视角更为外向和开放。企业商业模式创新秉承的是无边界拓展，而不是固守边界并被现实的企业业务边界和产权边界所束缚，追求的是以企业自身为核心的商业生态系统的建立。因此，与传统的产品创新、技术创新、组织创新和流程创新等创新活动相比，商业模式创新并不是基于企业内部的资源，从而在市场中寻找相应的顾客群体予以匹配，而是用外向的视角从顾客及利益相关者出发，挖掘他们的潜在需求，从而在价值模式、运营模式、营销模式和盈利模式等多个商业模式关键环节进行系统性创新，实现企业的快速增长。

二、系统性

系统性是指商业模式创新涉及企业内外方方面面，每个局部都将成为企业商业模式创新的一种影响因素。商业模式创新往往伴随企业文化、产品、组织、工艺等多方面的创新，涉及多个环节，而绝不仅仅是企业商业模式内部构成要素某一环节的单一创新，需要组织的较大战略调整，是一种系统的集成创新。商业模式可以被看成由“要素、联系和动态性所构成的系统”。

三、颠覆性

商业模式创新强调的是开发并创建前所未有的、极具创意的创新理念。企业在商业模式创新过程中通过对外部环境进行解构，运用顾客价值分析方法，找到整个环境的薄弱点，在整合外部资源的情况下，通过重新建构商业生态，逐步塑造企业的能力和资源，推动和影响新的系统形成，最终打破行业现存的价值—成本互替定律，构建新的最优行为规则。因此，商业模式创新具有明显的非线性、不连续等颠覆性创新特征，它不仅局限于抢占现有市场，还包括开辟新的市场，颠覆性同时说明了商业模式创新的程度。

四、双边性/多边性

商业模式创新往往要求企业同时面对两类或更多类截然不同的顾客，通过双边或多边市场来对他们的不同需求进行匹配，从而在网络效应的作用下使这个需求匹配过程遵循规模递增和赢家通吃的规则。双边市场的战略着眼点是组合一边市场成员的资源及能力为另一边市场的顾客提供价值。双边市场的新理念关乎启发及满足其中一边顾客的需求及欲望，这往往需要超越顾客现有的需求并建立新的生态系统才能实现，而这个生态系统要求至少有两条价值链互动从而形成网络效应，所以这种双边性成为商业模式创新的重要特征，这也是为什么在提到商业模式创新时学者们更为强调企业生态系统的建立的原因。

第五节　商业模式创新的分类

商业模式创新的分类研究是进一步认识商业模式创新特征、探索商业模式创新规律的基础和条件，对商业模式创新进行分类，有助于识别不同模式创新的共性与差别，也能更为深入地理解商业模式创新的本质以及内在规律。目前，学术界对商业模式创新的分类标准及类别划分还没有达成共识，学者们依据不同的标准对其进行了不同的分类，具有代表性的研究包括以下几种（冯雪飞，2016）。

Linder 等（2001）依据企业原有商业模式发生变化的程度将商业模式创新分为四种类型：①实现模式，是指以不改变企业自身商业模式本质为前提，以实现利润最大化为目的，努力发掘现有商业模式潜力的一种新尝试。②更新模式，主要是通过产品/服务平台、技术基础、成本结构以及品牌来调整企业的核心技能。③扩张模式，是将企业独有的商业逻辑扩展到新领域的一种模式。④旅行模式，是指通过采用全新的商业模式来帮助企业引入全新商业逻辑，该模式与上述扩张模式的区别在于不是对企业原有商业模式的补充，而是替代。

Giesen 等（2007）根据 2006 年 IBM 全球 CEO 研究（以 35 个成功实践案例为样本研究）报告，提出了三种商业模式创新分类：①产业模式创新，即通过进入新的产业、重新定义已有产业、创造全新产业或者识别及利用独特的资产等方法在产业价值链上进行创新的模式。②收入模式创新，即对产生收入的方式进行创新，例如通过对产品—服务价值组合进行重新配置或者采用新的定价模式。③企业模式创新，即改变企业在价值链中的角色，通常包括企业边界的扩展及对供应商、员工、顾客和其他利益相关者所在网络的改变，也包括能力/资产的重新配置。该研究进一步指出，相比其他类型的创新，商业模式创新与企业毛利增长的相关性更高。在所有商业模式创新类型中，企业模式创新被认为是在所有成功的企业中最普遍的，而其他两类之间没有显著的绩效差异。

波士顿咨询公司的 Lindgardt 等（2009）将商业模式创新分为三类，分别是价值主张、运营模式和商业系统结构。每一种商业模式创新内部会有很多变化，他们进一步指出，一个真正的商业模式创新，其商业模式本体中需要至少两个要素发生变化。

Osterwalder 和 Pigneur（2013）根据创新集中点的不同将商业模式创新分为

四种类型：①资源驱动型创新，该创新起源于一个组织现有的基础设施，抑或合作关系拓展，抑或转变现有商业模式。②产品/服务型创新，它是以建立新的价值主张的方式来影响其他商业模式构造块的。③顾客驱动型创新，这种类型的创新是基于顾客需求、降低获取成本或提供便利性的。它就像所有从单一集中点所引发的创新一样，来自顾客驱动的商业模式创新同样可以影响商业模式的各个结构要素。④财务驱动型创新，它是由收入来源、定价机制或成本结构来驱动的，通过对盈利模式的创新影响整个商业模式的构造块，从而引发商业模式创新。

第三章　商业模式创新形式

第一节　不同视角的商业模式创新

一、基于技术资源观的商业模式创新

商业模式这个概念被提出的时候，本身就含有创新的含义。综观商业模式创新的研究，有的从技术驱动的角度来进行研究，有的从产业链变革的角度来研究，也有基于交易观的商业模式创新研究（陈文基，2012）。

（一）技术进步与商业模式间的常见问题

技术的快速变革是当代社会的重要特征，技术进步使得全新的顾客价值或新型的企业业务出现成为可能。但是，技术进步并不能保证这种新型的顾客价值和新型的业务能够成功，Johnson（2008）却在研究中发现，过于热衷于技术本身时，创新往往会趋于失败，而决定这种新生事物能否成功的另一个重要方面则是是否有一个有效的商业模式。研究表明商业模式对于新兴社会公益事业的发展也具有重要的和不可替代的作用，在此基础上探讨商业模式创新对传统非营利事业的改革和意义（Thompson，2008）。李东（2011）在提出的商业模式容器效应的假说下，探讨了技术变革和制度变迁如何依靠商业模式创新，使得整个容器空间形成、壮大趋于稳定的过程。这些研究均说明了一个问题，行之有效、符合市场规律的商业模式是将技术市场化的关键因素。

同新技术的发明一样重要的是，商业模式将技术产业化，是实现其潜在的经济价值的桥梁。没有合适的商业模式，就无法实现技术的潜在经济价值，提供给企业的回报将更少。无论是传统企业还是新兴企业，将技术推向市场均需要借助可行的商业模式来实现。Chesbrough（2002）讨论了技术和商业模式的关系，认

为商业模式是联系技术及其经济价值的桥梁。在技术产业化的过程中，所投入的技术有可行性、技术性能等要求，而经济产出则是表现为产品、服务的价格、价值或利润，如图 3-1 所示。

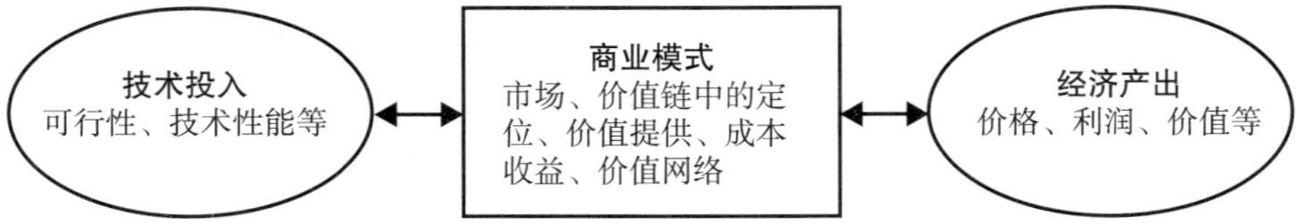

图 3-1 商业模式是联系技术及其经济价值的桥梁

资料来源：乔为国，2010。

总的来说，对商业领域而言，一种先进的技术如果没有合适的商业模式作为依托，那么它自身的先进性就很可能无法完全发挥出来；一种新的商业模式，如果其所需的支撑技术不成熟，那么它的优势也同样不能实现或得以充分的体现。由于缺乏技术支持而出现的生产贸易不能一体化，产业链断裂，产品与品牌概念的严重脱离等问题，严重制约了商业模式与技术的发展及结合。

1. 资源利用

在商业模式定义下的资源包括人力资源与商业资源，资源的分配利用合理与否直接关系到商业模式的成败。而资源的利用又在一定程度上依赖于技术的支持，如人力资源的管理系统、商业资源的物流管理、生产贸易的一体化管理等。对于资源而言，最为重要的是信息化技术。因为当今的商业模式均以生产销售扁平化，企业管理智能化、高效化为目标，所以信息技术的支持变得举足轻重。而很多企业往往忽视信息技术对商业模式的意义，从而产生诸如管理组织臃肿、生产环节过多、成本高企等问题。所以资源利用是技术进步与商业模式间的问题之一，且其主要反映商业模式对技术的诉求。

2. 技术与运营

成功的商业模式并不是指技术上的优势，而是对技术和资源的整合以及进行的相应创新，匹配技术并将其产业化，转化为经济产出进而获取利润。而我们有些企业过去强调技术的新颖先进，却忽视了技术与模式的契合性，导致投入大量精力与金钱，但效果与期望大相径庭。很多时候需要选择最适合的技术，而不一定是最好的技术。如何调整改进现有商业模式使其能够更好地应用当前市场上的成熟技术，是运营层面所需要摆在第一位考虑的。

3. 技术与战略

依托技术的进步使企业有可能采用新型商业模式而拥有核心竞争力，才能在激烈的市场竞争中胜出。毕竟技术的更替发展速度近乎几何级数般增长，紧紧守住某项技术也许短期内发展迅速，但从长远角度来看则早晚会被他人超越。从新技术中演化出商业模式，是企业需要从战略层面并加以关注的。技术演化出新的商业模式，新的商业模式催生新的技术，企业从战略层面上把握技术和商业模式的关系，才能从长远发展的角度把握竞争优势。

（二）基于技术资源观的商业模式创新

Chesbrough（2010）认为，创新通常代价不菲，不过不考虑代价的话则会导致创新的终止，问题的关键是通过扩展商业模式，使得创新的成本、时间以及风险管理方面更加有效。单纯企业自主研发的技术进步会导致企业面临的创新风险增加，主张企业采用开放性创新路径来解决此问题。这意味着企业将在本行业内或者跨行业采用外部创意和技术，也允许其他企业采用本企业未利用的创意和技术，主张构建一个开放性的商业模式，以建立唯一的资源、资产以及竞争优势。

因此，企业的商业模式创新促使它寻求（内部或外部）的创新活动，必须搜寻能够在合适的时候提供恰当商机的一切资源来获得技术，从而提升企业的商业模式并进行创新和升级。这种思路下的商业模式创新强调的是知识产权个体之间的相互配合和交互，强调如何利用外部的技术资源来获取竞争优势，并且围绕这种技术和创意来进行商业模式创新。依据开放式创新的程序和知识产权角度以及竞争优势的获取层面，将创新的商业模式分为以下六大类（如表 3-1 所示）：类型一，企业的商业模式没有任何差别，为无差别型商业模式；类型二，企业的商业模式有一定的差异，为有差别型商业模式；类型三，企业的商业模式分割为几部分，为市场细分型商业模式；类型四，商业模式对外开放，为开放型商业模式；类型五，将创新程序和商业模式集中在一起，为集成型商业模式；类型六，企业的商业模式能够变化，并随着市场的变化而变化，为自适应型商业模式。

表 3-1 商业模式类型及其相关创新和知识产权管理过程

	商业模式	创新程序	知识产权管理
类型一	无差别型	无	无
类型二	有差别型	特别	活跃
类型三	市场细分型	根据计划	被动
类型四	开放型	外部支持	赋予资产
类型五	集成型	和商业模式融为一体	财务资产
类型六	自适应型	确立新的商业模式	战略资产

资料来源：陈文基，2012。

以技术资源为导向的商业模式创新依然是从企业竞争优势层面出发考虑的，主要探讨的是将外部技术资源内部化，从而构建相应的商业模式将技术产业化，获取经济层面的竞争优势。然而，一个不争的事实是，不论在企业网络无边界组织下还是在服务经济逻辑下，均是以顾客中心化为导向，客户需求是价值的根本源头和基础。然而信息革命的影响，顾客的需求越来越呈现多样化和个性化特征，这种需求不确定性变得越来越强烈，同时引发的速度经济特征越来越明显，产品和服务的生命周期越来越短。产品生命周期越来越短意味着再伟大的技术都不会使得企业获得持续的经济租金，从这个角度来说，这种观点过于强调技术资源主导商业模式创新，还需要考虑商业模式对技术的反作用引发的资源的协同效应。

二、基于价值链的商业模式创新

波特的价值链理论为剖析企业的价值活动提供了相应的构图，为我们分析商业模式创新提供了一个有力工具。价值链上各个节点均是分工深化的产物，不同层面的节点也有相应的核心能力和比较优势。在行业价值链层面，各个伙伴在自己的领域内贡献自身的能力，通过优势互补实现共同的利益共享和风险分摊。而在企业内部，通过企业价值链和运营价值链，也基于各个节点的能力联合体，进行协同的价值创造，如图 3-2 所示。基于这一视角，商业模式创新有基础性商业模式创新、拓展型商业模式创新、分拆型商业模式创新和混合型商业模式创新。

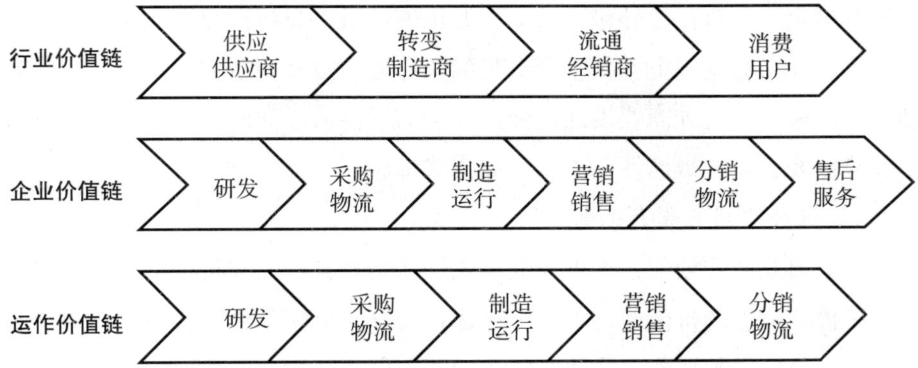

图 3-2　波特价值链

(一) 基础性商业模式创新

基础性商业模式创新，主要是针对企业在基础价值链层面上对企业价值活动的变革，而这种变革的动因可能来自技术层面的推动，也可能是来自企业管理层面、文化层面、运作层面的创新。通过基础链条上的创新，提高企业的技术利用率、提高生产力和降低成本、增加企业的反应速度、提高企业冗余资源的利用率等。同时，这种基础性的变革同企业其他元素产生很强的系统效应，从而形成其他企业难以模仿的核心能力，增强了企业的竞争优势。

(二) 拓展型商业模式创新

拓展型商业模式创新是在原有的企业商业模式基础上，延长整个价值活动链条（一体化等行为等），向价值链两端的顾客价值链、渠道以及供应商延伸，或者水平的层面的多元化，其目的则是涵盖更多的价值活动，也增加了企业利益相关主体的数量。参照一体化战略，可以归结为前向一体化商业模式及后向一体化商业模式。前向一体化商业模式是价值链条向顾客方向拓展，消除中间商，企业直接面对顾客；后向一体化商业模式则是向供应商方向拓展，降低原材料的成本和风险，增加生产的稳定性和成本控制。横向一体化商业模式是产品、服务多元化的商业模式，向有高额利润的区域延伸，增加企业的价值获取。拓展型商业模式创新从总体上来说，是通过提升企业的价值空间的容量来挖掘增加利润的获取的。

(三) 分拆型商业模式创新

分拆型商业模式创新与拓展型商业模式创新恰恰相反，它将企业原有的机制活动进行剥离、分拆以及外包，从而缩短价值链条，只保留具有竞争优势的价值活动项目，并在此基础上重新整合自身的核心能力以及利益方的关系，以及制度安排。一般来说，这种商业模式创新虽然压缩了价值活动的空间，但是却获得了成本优势以及企业的敏捷性和柔性，如模式等。

（四）混合型商业模式创新

混合型商业模式创新，这种商业模式创新是兼具前三种特征的混合型创新形式，对于价值链上的价值活动重新进行优化组合，可能是价值链条上对基础性资源的变革、价值链的拓展、价值链的分拆、制度、资源、文化、客户感知等，也是所有商业模式中最复杂、最常见的创新形式。基于价值链的创新分析虽然很好地解释了链式逻辑下的商业模式的创新活动，但是均认为默认价值创造价值实现具有高度的统一性，并未意识到在网络经济时代，商业模式核心逻辑会发生分离的一个重要事实。因此，我们对商业模式创新的思考应该从更为全面的视角来审视。

三、基于交易观的商业模式创新

基于价值链理论的商业模式创新研究，不能完全解释商业模式核心逻辑分离下的创新。核心逻辑分离下的商业模式能够运行和存在，充分表明企业的商业模式嵌入一个价值网络中，其创新不仅仅是企业单方面的价值增加问题，而且是整个价值体系的重塑。从交易特征的层面来研究商业模式创新，将交易划分为交易的内容（产品服务的提供、定位、数量等）、交易结构（参与者的分工方式等）、交易方式（交易各方联系的手段和方式）以及交易对象（对市场需求方的定位等）四个过程，以此为基础来探讨商业模式创新。商业模式的创新以交易过程为主线，仍然以价值主张这一核心范畴为指导，这意味着商业模式创新最终仍然需要内部资源能力、外部生态、协作以及目标客户四个界面的共同支撑来完成。企业价值创造和价值实现看似是两个联系紧密的问题，而实际上并不一样，互联网技术使得二者在现实经济中可能发生分离。在商业模式的本质和核心逻辑的基础上，基于交易观的商业模式创新实际上通过对商业模式创新进行重新审视，多方位地增加企业的收入，交易效率的提高也意味着企业商业模式对市场的反应更加迅速和灵敏，从而增加企业的竞争优势。

（一）基于交易内容的商业模式创新

这种商业模式的创新集中在如何通过企业在价值网络定位和自身的能力，集中表现在更有效地向市场提供产品和服务上。企业冗余资源的利用、OEM 等模式均属于这个类型创新，但这些创新一致体现在价值链条逻辑层面。在复杂的市场环境以及价值网络中，顾客的需求是个性化的和多样性的，通过产品组合模式和增值产品模式可以在原有的基础上对顾客的需求协调和创新。

产品组合模式基于产品之间的关联性将商品推向顾客，如汽车和音响、电脑和操作系统模式，等等。组合产品模式通过构建产品束，能有效地利用参与者之间的优势互补和正外部性来提高产品的最终价值并增加企业盈利的空间，同时平衡顾客的支付意愿，从而降低了顾客偏好的不确定性。传统经济理论一致认为，产品组合多发生于互补品之间，但事实上，只要目标顾客群一致，就可以采用这种创新的商业模式，如迪士尼与麦当劳的合作，虽然提供的产品不同，但是却在共同拓展儿童市场。

增值产品模式也称为直接交叉补贴模式。这种模式与产品组合模式的不同之处在于，产品组合模式目的是让所提供的产品共同增值，而增值产品模式则是通过一种主导产品获取优势地位来吸引顾客，通过增值产品来获取利润。这种模式无论是在网络经济下还是传统经济下均存在，如在汽车市场，汽车制造商除了通过生产汽车获取利润之外，还提供汽车配件以及相应的金融服务等业务。而在互联网经济下，这种模式更为普遍，网络游戏产业普遍存在这种模式。腾讯公司是以基础的即时通信服务为基础，在此基础上挖掘收入的可能性；移动运营商也是在移动基本业务（话音业务）的基础上，针对不同的用户群和市场需求开通可供用户选择使用的业务。当主导业务以免费方式向用户开放，而通过其他增值服务来维持企业运行时，就是互联网免费模式，如各大门户网站。当增值服务没有来自同一客户群，而是转嫁到广告商时，就出现前文所探讨的广告模式。

（二）基于交易结构的商业模式创新

徐晋（2007）将市场交易结构划分为两个阶段：交易市场的隐性化阶段和显性化阶段。处于隐性化阶段的市场不是市场的利益主体，而是由交易双方形成的，仅仅作为一个交易空间和调节供需关系的场所；处于显性化阶段的交易市场则表现为市场的利益主体，表现为一定的交易场所、手段和交易空间，就是所谓的平台。平台的出现改变了传统的交易结构。市场从本身过去单纯的交易环境，逐步演变成为为促进双方交易的交易平台的第三方形式。这种交易结构下的一个显著的特征是平台参与方存在交叉网络外部性，即双边的用户群存在相互的影响。这种双边市场引发的商业模式创新非常普遍，在实体经济和虚拟经济中均普遍存在，如实体经济中的超级市场、商业圈、证券交易场所等，虚拟经济中的网上商店、电子商务平台、虚拟社区以及电子支付等。

基于交易结构的商业模式创新强调的是企业在价值网络中的定位选择，从这种双边市场模式的整体来看，拓展了价值网络的参与者；从参与者的角度看来，则是交易市场的进一步分工深化，需要企业对自身所处的位置进行重新审视，利用自己的分工角色，以便能够更好地融入整个双边市场网络，拓展自身的利润。

（三）基于交易方式的商业模式创新

基于交易方式的商业模式创新并不强调改变企业在价值网络中的位置，而是在价值网络中的价值流向逻辑选择或改变上。这种商业模式创新可能出于多方面的综合考虑，如将传统的向买方收费改为向卖方收费，零售中的统一定价就是这方面的体现，零售商以生产商的统一定价向市场出售，而自身的获利则是从生产商那里得到销售回扣；将传统的卖方收费向买方收费模式转变，如各种代理模式等，收取会员费等；以及单边收费模式向双边收费的转变等。同时，可以将价值来源转向价值网络中的其他利益相关者（其他企业、管制机构等），多方位地获取收入源，如广告模式等。但是基于交易方式的商业模式创新意图在价值流向的改变和选择上，这种方式通常和买卖双方的市场势力以及专用性资产有关。企业依据自己的市场势力和资产的专用性来增强自身在讨价还价中的能力。

（四）基于交易对象的商业模式创新

目前，电子商务按照交易对象形式主要可以划分为六大类（B2C、B2B、C2C、B2G、C2G、M2C）。基于交易对象的商业模式创新不仅是在交易形式上的创新，更重要的是依据交易对象的价格需求弹性对顾客实行区分，在此基础上最大限度地实行价格歧视的策略，来增加企业的价值获取。顾客是价值活动的源头，而顾客对商品和服务的价值感受是多方面的，通过对顾客群的分类，提供差异化的服务和策略。如我国互联网上一般将用户划分为免费用户和付费用户，企业在设定商业模式时可以利用免费用户来增加流量，而依靠付费用户来获取利润。由于网络上信息产品的边际成本极低，这也使得长尾效应的发生成为可能。此外，信息具有时效性，通过时间维度的质量歧视也可以将用户进行划分，还可以用文化、消费者心理等多种方式来进行商业模式创新。

总之，基于交易观的商业模式创新是在一个更大的范围内讨论商业模式创新的问题。基于交易内容、交易结构、交易方式以及交易对象的商业模式创新并不是孤立的过程，在实际中可能更是以组合变革的方式出现。而基于交易观的商业模式创新本质上并未脱离价值主张这一核心逻辑，仍然以价值主张为主导的商业模式基础资源来支撑。

第二节 商业模式创新的维度

Osterwalder（2004、2007）认为，商业模式就是由价值主张、目标顾客、分销渠道、顾客关系、关键活动、关键资源、关键伙伴、收入来源和成本结构构成的体系。也就是说，企业经营的每一个环节的创新都有可能成为一个成功的商业模式。一般商业模式创新可以从战略定位创新、资源能力创新、商业生态环境创新以及以上三种创新方式结合产生的混合商业模式创新这四个维度进行，如图3-3所示（彭俊，2012）。

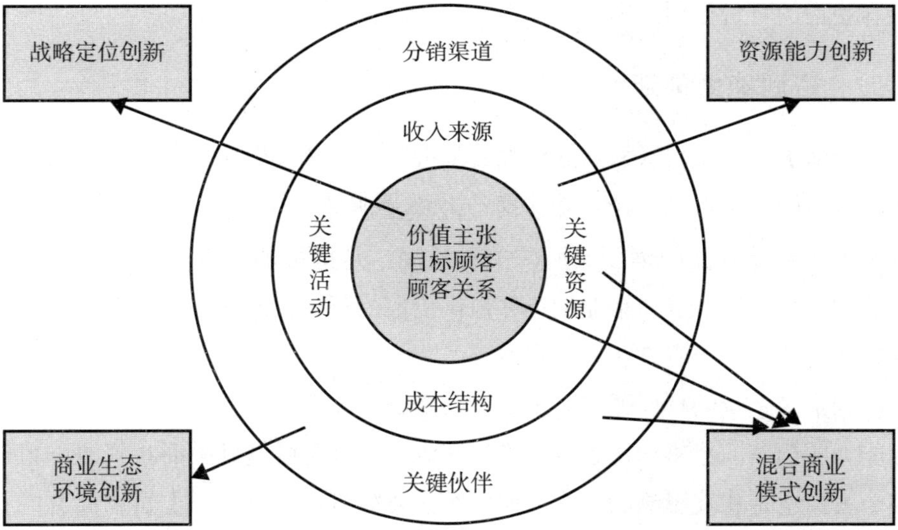

图 3-3 商业模式创新的四维模型

一、战略定位创新

战略定位创新主要是围绕企业的价值主张、目标顾客及顾客关系方面的创新，具体是指企业选择什么样的顾客、为顾客提供什么样的产品或服务、希望与顾客建立什么样的关系，其产品和服务能向顾客提供什么样的价值等方面的创新。在激烈的市场竞争中，没有哪一种产品或服务能够满足所有的消费者，战略定位创新可以帮助我们发现有效的市场机会，提高企业的竞争力。

在战略定位创新中，企业首先要明白自己的目标顾客是谁，其次是如何让企业提供的产品或服务在更大程度上满足目标顾客的需求，然后在前两者都确定的基础上，再分析选择何种顾客关系。合适的顾客关系也可以使企业的价值主张更好地满足目标顾客。

例如，美国西南航空公司抓住了那些大航空公司热衷于远程航运而对短程航运不屑一顾的市场空隙，只在美国的中等城市和各大城市的次要机场之间提供短程、廉价的点对点空运服务，最终发展成为美国四大航空公司之一。日本 Laforet 原宿个性百货商店打破传统百货商店的经营模式——每层经营不同年龄段不同风格服饰，专注打造以少男少女为对象的时装商城，最终成为最受时尚年轻人和海外游客欢迎的百货公司。

二、资源能力创新

资源能力创新是指企业对其所拥有的资源进行整合和运用能力的创新，主要是围绕企业的关键活动，建立和运转商业模式所需要的关键资源的开发和配置、成本及收入来源方面的创新。所谓关键活动，是指影响其核心竞争力的企业行为；关键资源是指能够让企业创造并提供价值的资源，即那些其他企业不能够代替的物质资产、无形资产、人力资本等。

在确定了企业的目标顾客、价值主张及顾客关系之后，企业可以进一步进行资源能力的创新。战略定位是企业进行资源能力创新的基础，而且资源能力创新的四个方面也是相互影响的。一方面，企业要分析在价值链条上自己拥有或希望拥有哪些别人不能代替的关键能力，根据这些能力进行资源的开发与配置；另一方面，如果企业拥有某项关键资源如专利权，也可以针对其关键资源制定相关的活动，并且对关键能力和关键资源的创新也必将引起收入源及成本的变化。

例如，丰田以最终用户需求为起点的精益生产模式，改变了 20 世纪 70 年代以制造商为起点的商业模式，通过有效的成本管理模式创新，大大提高了企业的经营管理效率。20 世纪 90 年代，当通用发现传统制造行业的利润越来越小时，便改变行业中以提供产品为其关键活动的商业模式，创新性地提出以利润和顾客为中心的“出售解决方案”模式。在传统的经营模式中，企业的关键活动是为顾客提供能够满足其需求的机械设备，但在“出售解决方案”模式中，企业的关键活动是为客户提供一套完整的解决方案，而那些器械设备则成为这一方案的附属品。有资料显示，通用的这一模式令通用在一些区域的销售利润率超过 30%。另外，通用还积极扩展它的利润源，建立了通用电气资本公司。在 20 世纪 80 年代中后期，通用电气资本年净收入达到 18%，远远超出通用其他部门 4%的平均值。

三、商业生态环境创新

商业生态环境创新是指企业将其周围的环境看作一个整体，打造出一个可持续发展的共赢的商业环境。商业生态环境创新主要围绕企业的合作伙伴进行创新，包括供应商、经销商及其他市场中介，在必要的情况下，还包括其竞争对手。市场是千变万化的，顾客的需求也在不断变化，单个企业无法完全完成这一任务，因此企业需要联盟，需要通过合作来达到共赢。

企业战略定位及内部资源能力都是企业建立商业生态环境的基础。没有良好的战略定位及内部资源能力，企业将失去挑选优秀外部合作者的机会以及与他们议价的筹码。一个可持续发展的共赢的商业环境也将为企业未来发展及运营能力提供保证。

例如，20 世纪 80 年代，美国连锁零售企业沃尔玛和全球知名的日化用品制造商宝洁争执不断，它们相互威胁与抨击，各种口水战及笔墨官司从未间断。由于争执给双方都带来了损失，后来它们开始反思，最终促成了它们建立了一种全新的供应商—零售商关系，把产销间的敌对关系转变成了双方均能获利的合作关系。宝洁开发并给沃尔玛安装了一套“持续补货系统”。该系统使宝洁可以实时监控其产品在沃尔玛的销售及存货情况，然后协同沃尔玛共同完成相关销售预测、订单预测以及持续补货的计划。这种全新的协同商务模式为双方带来了丰厚的回报。根据贝恩公司调查结果，2004 年，宝洁 514 亿美元的销售额中有 8%来自沃尔玛，而沃尔玛 2560 亿美元的销售额中有 3. 5%归功于宝洁。另一个建立共赢的商业生态环境的是戴尔。戴尔公司自己既没有品牌又没有技术，它凭什么在短短的二十几年时间，从一个大学没毕业的学生创建的企业一跃成为电脑行业的佼佼者？就是因为它独特的销售渠道模式。但是，在其独特的销售模式背后是戴尔建立的共赢的商业生态模式，它在全球建立了一个以自己的网络直销平台为中心、众多供应商环绕其周围的商业生态经营模式。

四、混合商业模式创新

混合商业模式创新是一种战略定位创新、资源能力创新和商业生态环境创新相互结合的方式。根据笔者的研究，企业的商业模式创新一般都是混合式的，因为企业商业模式的构成要素战略定位、内部资源、外部资源环境之间是相互依赖、相互作用的，每一部分的创新都会引起另一部分相应的变化。而且，这种由战略定位创新、资源能力创新和商业能力创新两两相结合甚至同时进行的创新方式，都会为企业经营业绩带来巨大的改善。

例如，苹果公司的巨大成功，不单单在其独特的产品设计，还缘于其精准的战略创新。他们看中了终端内容服务这一市场的巨大潜力，因此，将其战略从纯粹的出售电子产品转变为以终端为基础的综合性内容服务提供商。从其“iPod+iTune”到后来的“iPhone+App”都充分体现了这一战略创新。在资源能力创新方面，苹果突出表现在能够为客户提供充分满足其需求的产品这一关键活动上。苹果每一次推出新产品，都超出了人们对常规产品的想象，其独特的设计以及对新技术的采用都超出消费者的预期。例如，消费者所熟知的重力感应系统、多点触摸技术以及视网膜屏幕的现实技术都是率先在苹果的产品上使用的。另外，苹果的成功也得益于其共赢的商业生态模式。2008 年 3 月，苹果公司发布开发包 SDK 下载，以便第三方服务开发商针对 iPhone 开发出更多优秀的软件，为第三方开发商提供了一个既方便又高效的平台，也为自己创造了良好的商业生态环境。

总之，商业模式创新既可以是三个维度中某一维度的创新，也可以是其中的两点甚至三点相结合的创新。正如 Morris 等（2005）提出的，有效的商业模式这一新鲜事物能够导致卓越的超值价值（Super Value），商业模式创新将成为企业家追求超值价值的有效工具。

第三节　商业模式创新的构成条件

抽象地说，商业模式创新是指为企业价值创造提供基本逻辑的变化。具体来说，具备什么条件才能构成商业模式创新？企业是商业模式创新的主体，进行了商业模式创新的企业叫商业模式创新企业。了解什么是商业模式创新企业，有助于加深对商业模式创新含义及构成条件的理解。由于商业模式构成要素的具体形态表现、相互间关系及作用机制的组合几乎是无限的，因此，商业模式创新企业也有无数种。但我们可以通过对典型商业模式创新企业的案例考察，看出商业模式创新的三个主要构成条件。商业模式创新企业的几个共同特征，或者说构成商业模式创新的必要条件如下（王卓等，2015）。

第一，提供全新的产品或服务，开创新的产业领域或用以前所未有的方式提供已有的产品或服务。如孟加拉乡村银行（ Grameen Bank）面向当地贫困人群提供的小额贷款产品服务，开辟全新的产业领域，是前所未有的。亚马逊卖的书和其他零售书店卖的没什么不同，但它卖的方式全然不同。西南航空提供的也是航空服务，但它提供服务的方式，也不同于已有的全服务航空公司。

第二，其商业模式至少有多个要素明显不同于其他企业，而非少量的差异。如孟加拉乡村银行不同于传统商业银行，它以妇女为主要目标客户，贷款额度小，不需要担保和抵押等。亚马逊相比传统书店，其产品选择范围广、通过网络销售、在仓库配货运送等。西南航空也在多方面独具特色，如提供点对点基本航空服务、不设头等舱、只使用一种机型、利用大城市不拥挤机场等，从而不同于其他航空公司。

第三，有良好的业绩表现，体现在成本、盈利能力、独特竞争优势等方面。如孟加拉乡村银行虽然不以营利为主要目的，但它一直是盈利的。亚马逊在一些传统绩效指标方面良好的表现，也表明了它商业模式的优势，因此短短几年它就成为世界上最大的网上书店。数倍于竞争对手的存货周转速度给它带来独特的优势；消费者购物用信用卡支付时，通常在 24 小时内到账，而亚马逊付款给供货商的时间通常是收货后的 45 天，这意味着它可以利用客户的钱长达一个半月。西南航空公司的利润率连续多年高于其全服务模式的同行。如今，美国、加拿大、欧洲等国家和地区的中短途民用航空市场，一半已逐步被像西南航空这样采用低成本商业模式的航空公司所占据。

第四节　商业模式创新的实现形式

商业模式三要素包括概念、价值和能力。首先，人们要看你（企业）的商业模式的概念到底包含什么，内涵应该很清晰。其次，要看你（企业）的商业模式为方方面面的参与者所创造的价值是什么，说清楚价值，才具有吸引力。最后，看你（企业）有无足够能力去实现它。一个成功的商业模式就是让大家“同意你的概念，相信你的能力，得到你的价值”。商业模式实现形式的三要素模型如图 3-4 所示（王卓等，2015）。

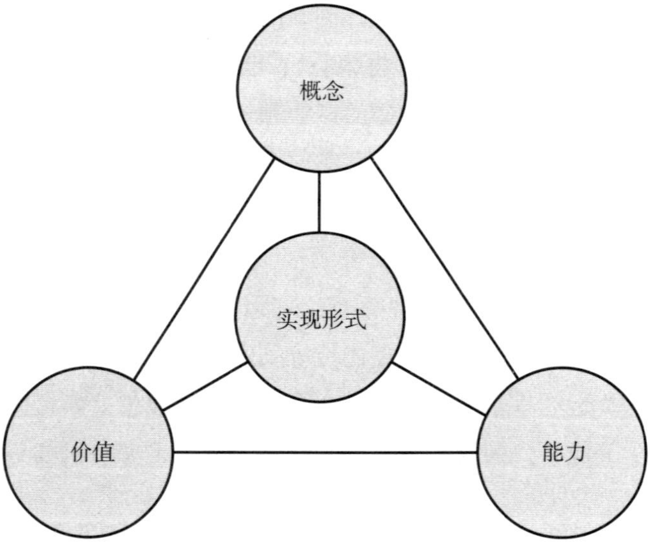

图 3-4　商业模式实现形式的三要素模型

成功的商业模式创新需要三个配合：一是实现形式的配合，二是组织生态圈的配合，三是经营模式的配合。否则再好的商业模式也只不过是构想和模型。

一、实现形式的配合

我们必须为商业模式找到有效的手段、途径、渠道、载体等，使商业模式创新真正落地。因为只有具体的实现形式，才能把概念、价值和能力综合起来、运转起来。有效的实现形式促成商业模式创新的成功。亚马逊公司的贝佐斯直接道出了要害："我认为构想很简单，但身体力行就很难。如果我坐下来头脑风暴，可以在黑板上写出几百个好构想，具体实施才是最难的部分，这其中很有学问。"既然概念构想本身不创造价值，而亚马逊又无特殊的核心能力，那么亚马逊靠什么创造价值呢？它靠的是互联网。互联网不是一种概念，它是一个实体。互联网不是一种核心能力，因为谁都可以利用。互联网只是一种形式，亚马逊公司就是借助互联网这种形式，使在线购物的概念成为现实，并创造出价值的。亚马逊的快速成长，恰恰说明了实现形式在商业模式创新中的重要作用。盛大网络公司的陈天桥用种菜的农民和炒菜的厨师来比喻两种不同的创新：第一种是从无到有的创新，如发明技术和软件的人，像种菜的农民，这些菜不能直接吃，还必须经过精心烹调。第二种是从无序到有序的创新，如利用互联网和新技术的发展，将游戏、电影及歌曲放到网络上。这就好比炒菜的厨师，从不同地方买菜，然后根据顾客的口味烹调。有些中国企业太重视从无到有的创新，而不重视从无序到有序的创新。其实很多成功的产品在技术上并没有很大的创新，只是将精力放在研究受众的需要及应用的便利上。同样，很多商业模式创新是形式创新、方法创新，不是产品本身和技术创新。因此，我们需要改变价值观，才能更好地促进商业模式的创新。集成式的商业模式创新是一条比较好的途径。

二、组织生态圈的配合

商业模式创新要有组织生态圈的配合。过去的游戏规则是尽量把竞争对手"干掉"，有钱自己赚。到了知识经济时代则是和众多的大小伙伴一起，在双赢、多赢中让自己获得最大的收益。例如，高通公司专营 IPR 转让，其转让费通常在产品售价的 6%左右，这是一种明码标价又非常单一的赚钱模式。高通公司的组织生态圈特征是，它不和谁竞争，也不吃掉谁，而是让每个加入新游戏的公司都好好地活着，因为有了大家的存在，它才有更多的收益。但是，它要做这个生态圈的真正主宰者，它要掌握游戏规则。一个成功的商业模式的战略结构应该如此：产品层次上双赢，服务层次上领先，规则层次上垄断。你其实是通过商业模式的巧妙设计，让大家在这个游戏里获得自己应该有的东西。高通公司的基本模式就是："我"垄断标准，"你"垄断市场，"他"垄断产能，其他人垄断劳动力……但大家都在一个生态圈里，这样谁都离不开谁。这是一种多重垄断形成的价值链，与过去的传统垄断有本质不同。

三、经营模式的配合

商业模式创新还要有经营模式的配合。再好的商业模式也需要经营。微软公司的商业模式可以叫知识垄断模式，但其经营模式对商业模式的成功至关重要。总结起来有以下五点：①尽早进入大规模的市场，或以能够成为行业标准的足够好的（不是完美无缺的）产品促进新市场的形成；②不断改进新产品，定期淘汰旧产品；③推动大批量销售，签订专有供货合同，保证公司产品继续成为行业标准；④经营目标不是收入最大化，而是与消费者、软件开发商和行业龙头企业建立战略关系来支配标准，支配标准意味着支配这些关系网络；⑤集成、拓宽并简化生产，以进入新的大规模市场。

同样，英特尔公司也有自己的商业模式，但是它下面还有自己有效的经营模式。在标准为王的商业模式之下，其经营模式也有五点特征：①按照摩尔定律确定公司的技术战略和经营战略，确定新产品开发的时间表；②有节奏地推出换代产品，而不是延伸原有产品。主动地、系统地放弃旧产品，始终保持市场主导地位；③推出完整的产品系列，使模仿者无隙可乘；④切实掌握电脑产业的游戏规则——市场规模决定一切，利用定价策略、战略联盟策略等使其产品迅速席卷市场；⑤产品开发与工艺开发相结合，坚持自己投资设厂，形成大规模生产能力，确保及时交货的能力，以支持积极的营销攻势，抢夺市场先机。

第四章　商业模式创新影响因素分析

第一节　商业模式创新动力与阻力研究

商业模式创新可以对获得持续竞争优势、提高绩效有积极的作用，然而，在进行商业模式创新时，也可能会因为一些创新固有的特征，给主体带来新的冲击。为此，学者们对企业商业模式创新的动力和阻力进行了研究。企业进行商业模式创新是与其他的创新活动有类似性的，往往是受外部的刺激和驱动而展开的。剖析这些来自外部的力量对于我们最终得到企业商业模式创新的关键影响因素至关重要。下面通过梳理现有学者相关研究成果，从技术驱动视角、需求变化视角、产业竞争视角、企业家视角、系统视角五个方面对其进行理论分析（刘彬，2017）。

一、技术驱动视角

商业模式的创新有很大成分受到新一代技术的推动来实现，随着新技术的出现与应用，尤其是实体业等在结合了信息技术的优势后，促进了企业上下游间或与其相关联的其他企业间的互动关系，特别是互联网技术的强势发展更加推动了这种关系网络的重要变化，有利于产业形态和模式产生。早期 Timmers（1998）、Amit 等（2001）学者便已提出以互联网技术为代表的新技术是商业模式创新的主要动力。Pateli 等（2005）在研究中用权变理论方法针对出版业的商业模式设计与变革进行分析后，得到信息技术创新发展对商业模式变革影响的方法论框架，进而可以指导企业实践。Willemstein 等（2007）通过研究得出，在生物制药行业驱动商业模式创新的主要力量是内部先进技术的发展。吴菲菲等（2010）从国内外新创商业模式的发展轨迹剖析得出，影响市场中企业商业模式创新的中坚力量是飞速进步的技术。从已有成果可以看到技术推动在内部信息沟通效率改进、业务流程再造、渠道再造、市场推广等方面的促进作用都得到了证实。

二、需求变化视角

随着时代的进步和人们消费能力的提高，消费需求持续更新，在构造的特定场景，其需求结构会发生根本性的转变，而这些转变对于之后实践指导非常重要，上至企业战略的制定、经营市场的确定，下至资源的配置、效率的提升。差异细分市场的顾客需求不同，因此，企业所提供的产品和服务、价值主张和满足程度也应有所不同，一旦需求发生变化，就会成为企业拓展新的业态和模式的重要机会。所以，消费者需求变化是新模式的重要推进因素，同时，新模式的发展也会创造新的需求，为新模式拓展新的发展空间。德勤咨询公司（2002）在对大量案例企业的商业模式创新思路剖析后提出，推动案例企业商业模式创新的主要动力是企业为了满足消费者长期拥有而被忽视的或未得到满足需求的努力，而并不是大家通常所认为的社会经济、法规和技术的变化。Lindgadt 等（2009）研究发现，网络经济产生之后，那些处在经济倒退环境下的主体能够避免受到影响的商业模式创新途径就是迎合消费者需求，故而影响商业模式创新的关键因素是消费者。

三、产业竞争视角

来自企业所处行业的竞争和经营压力，逼迫企业一直不断地检查自身以达到长久生存前进的终极目标，并在此过程中形成新模式。原来产业中企业的竞争更多地集中在资本和价格，然而现在情况已转为知识和创新，还有新模式的竞争。IBM（2006）展开了一项关于访谈各大公司高层领导的调查，从调查后的数据得到有 2/5 左右的公司高层领导焦虑于商业模式创新对行业发展的前景改变，并且这些高层盼望其公司能够很好地驾驭这些创新。

四、企业家视角

王伟毅等（2005）提出企业家的前置意识以及敏锐的商业洞察力有利于激发他们对商业模式创新的发现和拓展，同时，其所具有的创新和创业精神有益于商业模式创新的成功。郭毅夫（2009）认为企业在转型升级时，商业模式创新影响受企业家的创新精神以及开拓精神等作用明显。黄谦明（2009）站在资源基础论的视角主要梳理了企业家理论的相关文献，提出创意的开发与资源的整合都源于企业家，而其中创意实现与资源整合的强大精神动力毫无疑问是企业家精神。创意的实现需要资源的支撑，而商业模式创新很好地对其进行了配置，将企业家的开拓、创新与合作精神发挥起来，达到追求创新的成果。

五、系统视角

系统视角是从一个整体的角度来考虑各因素对商业模式创新的影响，其更显示了对创新的综合影响。梁晓雅等（2009）以资源基础学说和权变理论为依据，在对中国民营企业发展的典型案例进行总结的基础上，认为商业模式创新受多重因素驱动。曾萍等（2014）基于内外因素整合视角，以珠三角地区 344 家制造企业为样本进行实证分析后提出，公共性的资本、企业处置结构的完善、企业软实力创新力的提升以及 IoT 基础的强化都对其商业模式创新有驱动作用。冯华等（2016）从空间和时间角度出发，提出平台商业模式创新的动因在于：平台上供需双方间的友好互动促使规模经济蓬勃发展形成空间效应，以及满足消费时间价值增值所产生的网络时间溢出效应。

与此同时，企业商业模式的创新也会遇到阻碍，如 Amit 等（2001）研究指出，一般企业对于资源的配置往往会与商业模式创新出现对立的局面，因此企业中层干部对其实验有怀疑和不配合的态度，这种实验不利于价值观贯彻。Chesbrough（2002）从认知视角提出企业内已建立的商业模式会强烈影响商业模式创新决策过程中所需信息。齐严（2010）深入分析了企业因过分关注现有顾客带来的阻力以及源自管理者的阻力。Sosna 等（2010）认为，高层管理者受到原有环境的影响和在此过程中形成的思维认知方式将会极大地阻碍商业模式创新实验，并提出这种创新也受到其已有内部权力结构的影响，权力中心越分散对于商业模式创新的实施越不利，尤其是对于新近出现的商业模式，高层管理者眼前充斥着的是不稳定的、不可预判的和变幻莫测的市场，这些会愈益增加决策的难度。

第二节 商业模式创新影响因素研究

商业模式创新是否成功受到多方面因素的直接或间接影响，有的影响因素可以促进商业模式创新直接成功实施，有的影响因素却有可能直接导致商业模式创新以失败告终。研究商业模式创新的影响因素，是研究商业模式创新效果的基础工作，学者和企业家在此方面的研究成果较为丰富，主要成果如表 4-1 所示。通过对有关商业模式创新影响因素的研究进行文献综述后，可以发现商业模式创新影响因素主要分为外在因素和内在因素，许多影响因素被反复提及，其中包括技术创新、市场竞争、用户需求、企业文化、企业资源等。

表 4-1 商业模式创新影响因素

<table>
<tr><th>作者</th><th colspan="2">影响因素</th></tr>
<tr><td rowspan="2">Sundbo，Gallouj（1998）</td><td>内部</td><td>企业战略、工作挑战性、员工抗压能力、创造力、技术支持</td></tr>
<tr><td>外部</td><td>竞争者、顾客、合作伙伴的外部环境</td></tr>
<tr><td>Gambardella 等（2009）</td><td colspan="2">创新文化、盈利水平、营销能力以及组织学习能力等</td></tr>
<tr><td>Sosna（2010）</td><td colspan="2">新的竞争者、潜在的竞争替代产品</td></tr>
<tr><td rowspan="2">李凯悦等（2017）</td><td>内部</td><td>产品服务多元化、自主创新、资金链</td></tr>
<tr><td>外部</td><td>产业链、竞争压力、市场激发</td></tr>
<tr><td>孔凡柱（2017）</td><td colspan="2">产业因素、企业经营战略和理念、利益相关者的博弈、技术创新、政策因素</td></tr>
<tr><td>陈晨（2016）</td><td colspan="2">技术创新、需求推动、市场竞争、企业创新精神</td></tr>
<tr><td rowspan="3">王益锋（2013）</td><td>表层</td><td>组织学习能力、创新人才状况、营销能力、融资环境、市场竞争激烈程度、战略改变、用户需求变更、合作伙伴变动</td></tr>
<tr><td>中层</td><td>产品创新能力、流程创新能力、链条创新能力</td></tr>
<tr><td>深层</td><td>创新政策支持力度、企业自主创新能力</td></tr>
<tr><td rowspan="2">姚伟峰（2013）</td><td>内部</td><td>企业家和员工的创新意识和创新能力、企业的文化及氛围、企业的内部激励</td></tr>
<tr><td>外部</td><td>市场竞争强度因素、市场竞争公平性因素、政府与社会对商业模式创新的支持度、市场产品需求程度</td></tr>
<tr><td>郐关荣，唐琼，熊晖（2013）</td><td colspan="2">创新氛围、整合外部资源程度、分享内部资源程度、价值网络、绩效</td></tr>
</table>

续表

作者	影响因素	
赵书坤（2011）	企业文化、用户需求、公司战略、员工创造力、技术支持、竞争者行为、外部环境	
郝思杰（2012）	高层管理者的领导风格、创新氛围和文化、组织学习能力、资源投入能力、外部环境与政策、内部流程的协调融合、需求和市场变化、合作伙伴	
邢相军（2014）	内部	行业特征、盈利现状、企业家创新意识
	外部	市场需求、政策导向、技术和目标群体特征
朱宗乾，刘彬（2016）	企业自身、利益相关者、市场环境、技术创新、政策等	
Inigo 等（2018）	资源整合的能力是持续性商业模式创新与破坏性商业模式创新之间存在差异的主要影响因素	
鲁迪（2018）	企业家精神、企业学习能力、团队文化与气氛、高管团队任期异质性、关系嵌入性、结构嵌入性与竞争强度	
周颖（2019）	企业文化底蕴、员工主动学习的意愿和互联网供应链的改变、信息化技术等	

第三节　商业模式创新机制研究

学者们针对商业模式创新的机制开展了广泛的研究（刘彬，2017），王茜（2011）着重研究了 IT 对商业模式创新的作用机制及创新路径问题，探寻了企业在产品创新等一般路径外的升级路线。李长云（2012）通过引入“知识流”这一变量，从动态和静态两个维度对信息流、物流、价值流、资金流、知识流、商流进行了重新剖析。并以新一代信息技术作为商业模式创新的内生引致因素，揭示了这些 ICT 技术对创新的关键内在影响机制，制定了基于学习机制、基于“信息流—知识流—价值流”交叉互动机制、基于知识管理机制三种商业模式的创新路径。李文博（2016）基于话语分析方法，在对 100 个大数据案例提炼了商业模式创新的实现机制后，得到主体反应行为、行为属性认知、数据时代特质和生态系统情景 4 类范畴共 16 个语素的影响结果模型，并将其类化为间接驱动因子、调节驱动因子和直接驱动因子。王圣慧（2015）以承接为切入点，结合大数据背景，构建了大数据时代商业模式创新机制。张越等（2014）从商业模式构成要素出发深入探讨了其创新的内在的本质，进而对企业商业模式创新的机制进行分析。张新香等（2013）探索了企业在农村地区开展商业模式创新的机制问题，主要以企业获取收益为切入视角，在对农村地区开展创新活动的企业案例资料进行广泛收集后，运用扎根理论的跨案例研究方法进行了深入分析。刁玉柱等（2012）在构建的二维分析框架中对商业模式创新机制进行了有益研究，提出投资模式在其中发挥重要作用，并认为其机制就是内化于创新活动之间的因果联结机制。郭毅夫（2009）采用典型案例、专家访谈、实地调查等方法，在分析影响商业模式创新的内、外在因素基础上，阐述了其内在机制。李芊（2012）对电视娱乐业商业模式的创新机制进行了诠释，主要按照“外部条件—内在基础—核心内容—动力机制—创新效应—目标实现”的逻辑关系。

第四节 商业模式创新的因素分析

一、影响商业模式创新的外在因素

对于商业模式而言，影响其创新的外部环境包括经济环境、社会环境、市场环境、技术环境等。当外部影响因素变化时，企业抓住机会设计新的商业模式或者运用已有能力对现有企业的服务内容、作业流程、管理模式方面进行调整乃至于变革，以应对环境变化。这种外部因素的变化，具体而言可以归纳为资本市场、技术进步、消费者需求变化、行业环境四个方面（张璐璐，2014）。

（一）资本市场

资本市场作为制度安排的一种，它对组织行为既起着约束作用，同时又扩展和激励组织行为，这种激励在企业战略行为实施时体现得更为明显。优化资源配置和再配置的功能是检验资本市场有效性的重要标准，即将稀缺的社会资本通过市场途径高效率地配置于具有创新能力的企业。当商业模式创新与资本市场形成有效互动，企业发展将会出现新的突破，而这将进一步激发社会的商业模式创新，增强社会创业文化氛围，以此形成良性循环。滞后的股权市场使企业创新缺少有效的资本支持，创业者限于短期盈利目标的考虑，只能追求基于现金流的传统商业模式而不敢做投资，那么创新必定不会是他们的优先选择。而发达的股权市场可以让企业的股权流动起来，基于追求企业价值的商业模式在获得有力资本支持的条件下，可以同时达成短期经济效益和长期价值提升的双向目标。一个有创新投资理念的市场可以将企业价值与创新能力紧密联系起来，从而激发企业乃至社会各行业的创新精神。

（二）技术进步

商业模式创新最根本的因素是市场竞争，企业为在市场竞争中生存下来就必须对技术和市场进行创新，寻求新的生存发展机会。社会发展促使企业的商业模式不断进行变化和创新，信息技术的发展为商业模式的创新提供更多的动力和空间。在互联网时代中，网络通信技术正在全面改变人们生产生活的方式。信息技术迅速、全面、有效地融入社会生活，促使企业的生产经营方式必须结合技术的发展做出相应的改变。以计算机技术为代表的生产技术的广泛使用进一步促进生产的规模化、标准化；网络通信技术设施的发达完善为企业向全球拓展市场创造条件，降低社会交易成本，从而促使企业交易方式与组织结构发生变化；以“物联网云计算”“网络型组织”为代表的一系列新技术与商业模式不断涌现。社会正在发生的信息技术革命在给传统企业带来挑战的同时，也为企业商业模式创新带来了机遇。新技术需要新商业模式与之进行配合，同时新技术也为新模式的出现提供空间、创造条件。由互联网技术、通信技术等技术革命带来的新经济商业模式正冲击着传统的商业产业链，从而对传统经济商业模式进行有益的补充、改良乃至颠覆（朱薇，2016）。

我们通常所提及的技术包括两类：一类是公共基础技术，如信息技术、网络技术、能源技术等；另一类则是与企业产品技术直接相关的专业技术。一般而言，在商业模式创新中所提及的技术一般指公共基础技术，它的发展使传统企业的商业模式发生了巨大变化，如信息和通信技术的进步刺激了一系列新商业模式的产生。以家电连锁行业为例，随着网络和信息技术的高速发展，市场对传统家电行业以家电连锁卖场为主要销售阵地的模式产生了一定程度的冲击。如以苏宁、国美为代表的家电连锁企业适时发展网上商城，打造行业的专业电子商务平台，成功实现线上线下协同发展。

（三）消费者需求变化

消费者需求会随着外部环境的变化而迅速变化，及时发现和有效地解析市场上的需求，并将这些需求作为产品和服务的设计导向，提供给顾客满足甚至超越其期望的产品和服务，这对企业相当重要。消费者的需求千差万别，但从是否被供求双方感知的角度可以归为四种基本类型：企业和消费者都发现的需求，即公开的消费需求；消费者已经发现而没有得到企业响应的需求；企业已经发现而消费者并没有发现的需求；企业和消费者双方都没有意识到的需求，也就是完全的市场空白。

随着经济的发展和生活水平的提高，消费者的需求也在不断地变化和调整中。对于企业来说，深入探索那些未被发现以及未被满足的市场空白地带，可以找到独特的企业发展机会，进而使企业商业模式创新成为一种可能。

（四）行业环境

行业环境主要包括两个方面：一是指其受到国家政策导向的影响，主要包括国家政策是否向行业倾斜；二是表现为企业间的竞争程度，行业内的良性竞争环境有利于增强企业的危机意识，促进其对于创新的重视。政策环境和竞争环境的共同作用形成企业的创业文化，是企业的主导性思维，对企业的信息过滤和解析方式以及针对过滤信息所采取的相关行动起决定作用。一般情况下，一个组织的创业文化氛围越强，就越能够摆脱现有商业模式构成的制约因素，解除对固有思维方式的过分路径依赖，进而影响商业模式创新。

二、影响商业模式创新的内在因素

商业模式创新是企业内外部因素相互作用的结果，在受到来自外部环境因素影响的同时，组织内部组成部分和要素也对创新产生一定程度的作用。类似自然选择过程中适者生存、优胜劣汰的竞技法则，企业自组织作用，如企业家能力、组织学习能力在商业模式创新中占据至关重要的地位（张璐璐，2014；朱薇，2016）。

（一）企业家能力

商业模式创新是企业家捕捉市场机会、整合企业内外部资源以提升产品和服务的创新水平以满足市场需求的过程（见图 4-1）。

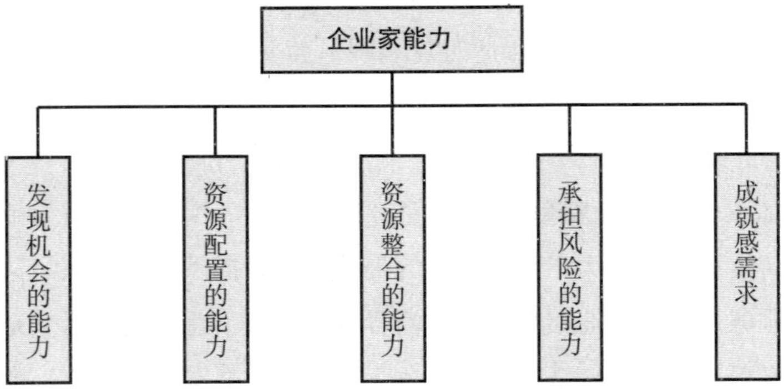

图 4-1　企业家能力对商业模式创新作用机制

社会经济的不断发展促使各种力量相互作用，并引发一些不均衡的市场状态，比如产生未满足需求或者低效过程等现象，这种由市场力量变化而导致的新的需求恰恰是企业创新机会的来源。企业家对市场机会的捕捉和把握可以促进企业识别市场空缺中的产品或服务以创造或增加新的市场价值。如果在识别商业模式创新机会的过程中，企业家不仅能从承载创新机会的信息中发现联系，有时甚至是创造联系，就能发现被其他人忽略的市场机会。此外，企业家能力还包括资源配置的能力和资源整合的能力，在敏锐地捕捉市场机会的基础上，调动企业内部和整个产业链的资源，根据企业的发展战略并结合市场需求对企业资源进行重新配置，优化内部价值链，创造专业优势；强化产业链中的薄弱环节，增强整体效能，并把企业内部资源和外部资源进行有机整合，形成结构完整、运营高效并且具有独特竞争优势的运作系统，从而获得商业模式创新的成功。由于商品经济的动态性、开放性特征以及企业经营活动的特殊性，企业家能力在商业模式创新的过程中还体现为较强的成就感需求和承担风险的能力。一方面，较强的成就感需求促使企业家对事业执着，渴望成功，并以积极的态度关注企业动态，主动了解顾客需求，与供应商维系良好的合作关系，以顽强的进取心促进创新目标的实现；另一方面，随着企业家承担风险和不确定性能力的增强，克服市场阻力的能力越来越强，能够更好地抵制自然与社会环境带来的影响，也将利于商业模式的创新。

（二）组织学习能力

组织学习是一种带有控制的反馈机制，能帮助企业不断地发现和改正组织错误。一般来说，我们将组织学习分成三种类型：第一种是通过组织成员的共同探讨，发现问题、确定解决方法并对其进行事后评价的单项式学习。它是最基本的学习类型，利于企业在经营中对市场变化和竞争对手压力做出快速响应。第二种是在商业模式渐进性创新阶段经常使用的双向式学习，它包括在已有组织规范下的探讨以及对组织规范本身的探讨两个方面。第三种被称为反思式学习，它是商业模式创新过程中最主要的学习方法。不仅包括对各种学习方法的学习，还包括对提高单向式和双向式学习效率的途径的探索。商业模式创新是组织有效学习的硕果，而组织学习在维持企业创新中的作用举足轻重。较强的组织学习能力既能提高商业模式创新的效率和效能，又能协助商业模式有效地适应外界环境的变化。

（三）供应链优化

供应链优化实质上是企业优化价值创造和价值获取的流程。价值网络的变化要求企业重新检验价值活动是否能够在新的价值网络中有效地创造并获取价值，然后制定出相应策略，构建新的价值活动。在供应链运行的流程中，某些环节对于整个供应链价值创造和价值获取活动来说可能是关键的。供应链资源的优化是对供应链结构的改变，会促使供应链价值网络的改变。供应链运行动力的转变可能会促使供应链资源发生变化，企业将原本自营的物流业务外包给第三方物流企业，重新选择供应商或分销商，或者供应商参与到供应链产品的研发之中。大量研究证明，企业在日常经营生产中应该完善供应链的管理，以便在协调本企业与上下游企业间关系时，可以更好地协调并改善整个供应链上各成员之间的关系，从而引导供应链组织内各成员形成统一的经营发展目标。而这种对供应链各成员间的关系的整合，可以降低供应链的运行成本，并创造出更多的价值。王阅、谷丽丽和陈刚（2009）指出在新的竞争环境中，企业通过改善自己的供应链来改善自己的商业模式，通过调整自己的供应链来改进企业价值创造和价值获取行为应有的逻辑关系和价值网络，正成为一条提高本企业竞争力的有效途径。

（四）企业文化

目前来说，我国企业还未将企业文化与商业模式创新有效地结合起来。企业文化是企业在经营管理过程中形成的企业核心价值观。企业文化可以有效地把企业的各项能力整合起来，是企业核心竞争力的原动力。现如今企业之间的竞争，从表面上看是产品种类、品质、品牌和服务等方面的角逐，其实深层次上却是潜在因素企业文化的竞争，企业竞争在很大程度上取决于文化所凝聚的各种能力的较量。在资源、管理、科技和人才竞争之后，企业文化成为新一轮的竞争领域，是将来全球经济竞争中的决定性因素。企业若想获得发展的动力，必须建立强有力的企业文化。企业文化引导企业经营战略的定位，企业文化的氛围指引着经营战略和管理决策的实施。对于松散的企业组织，企业文化的凝聚功能可以迅速地使企业变成一个有机的整体；对于稳定的企业组织，企业文化可促成和保证企业协调一致地进行创新。郭毅夫（2009）指出，商业模式是企业创造利润的思维方式，虽然有许多不同的创造利润的方式，但每个企业最终只会从中选择一种方式，而企业的主导思维方式将是决定商业模式的主要因素。一个组织的企业文化氛围，将决定该组织如何过滤信息，如何解析信息，以及针对信息如何实施相应的行动。一般而言，如果一个企业有着较强的企业文化，便能打破既有成功商业模式的制约，跳出旧有思维模式的路径依赖。所以在创意发展为成熟商业模式的过程中，企业文化通过对个体的作用进而影响商业模式创新。

第五章　商业模式创新路径

第一节　商业模式创新的动力

商业模式创新是企业改变其价值创造和价值获取逻辑，通过新的资源整合方式与新的业务流程为顾客提供新价值主张的过程（Johnson，2008）。促成企业商业模式创新的动力很多，可能是来自外部环境的竞争压力，也可能是企业新技术成果开发市场的需求，还有可能是国家政府政策导向的引导。下面对商业模式创新市场需求拉动、技术发展推动、市场竞争压力、政策创新引导以及企业内部驱动这五个方面进行重点阐述（王明正，2021）。

一、市场需求拉动

企业存在的本质目的就是实现盈利，而实现盈利的前提条件就是满足市场中客户的需求，因此，市场的需求是企业创新的重要内在动力。Visnjic 等（2016）通过研究发现，市场中客户的需求会驱动企业进行商业模式创新活动，也就是企业需要密切关注市场的动态发展，不断地发掘与调查客户需求，以便于创建一个全新的市场。Deloitte Research 公司的一次对上市企业的调研指出，市场中客户需求是拉动一个企业进行商业模式创新活动的核心驱动力。庞大的市场需求可以为企业带来巨大的利润。发现潜在的、未开发的市场需求，是企业获得发展竞争优势、减少竞争压力并获得超额利润的不错选择。但是这个选择一般处于一个行业发展生态系统的初级阶段，需要投入的财力、人力、物力资源也最多。

二、技术发展推动

新技术进入新市场，一般都需要进行新商业模式的应用。Zott（2010）在一次实证研究中明确指出，由于信息技术、互联网技术的飞速发展，引发了大量的企业创新其商业模式，成就了一大批优秀的企业。Chirstenson（1997）对突破性技术的市场化进行了研究，他认为突破性技术是一种比较激进的技术创新，原有的商业模式的运行方式肯定不适合新技术的市场化，此时必须采用一种全新的商业模式来使突破性技术的产品实现市场化。Spieth（2014）更是进一步指出，信息技术、大数据、人工智能等技术的变化，迫使企业采纳或开发新技术，从而引致企业创新其商业模式。此外，Gambardella（2009）指出一个企业在发展过程中适当采纳新技术或进行技术创新来引发企业的商业模式创新可以有效地获得行业的竞争优势，归根结底是因为技术的快速迭代和进步会促使企业调整自身的商业运营活动与新兴技术进行适配，企业在成长过程中避免不了会受到技术变迁的作用影响。由此可见，技术的快速迭代会给企业原有的商业模式带来一定程度上的挑战和机遇，迫使企业变革原有的商业模式，以适应外部的环境变化（Smith，2010）。但是，必须注意的是，技术创新是商业模式创新的基础和条件，是重大的商业模式创新的最重要的和核心的驱动力。过分强调商业模式的创新而忽视技术创新的商业模式创新是不具备可持续发展力的，并且片面地强调商业模式创新并不足以保证企业获取竞争优势，离开技术创新的商业模式创新将是无本之木、无源之水。

三、市场竞争压力

在经济转型的大发展背景下，竞争环境已经成为影响商业模式创新的核心因素。Lindgadt（2009）认为同行的经营模式与竞争对手占有的市场份额会使企业的生存空间狭小，这时企业就急需依靠创新自身商业模式来降低竞争压力所带来的发展限制。姚伟峰（2013）在一次实证研究中发现，竞争环境的变迁和动态变化会导致行业竞争压力的加剧，企业变革其商业模式的原动力之一就是竞争压力因素。在此基础上，Velu（2014）指出，激烈的市场竞争会使企业所占有的客户群体不断减少，同时也会催促企业采取新的创新方式来实现可持续发展，而商业模式创新就是新型创新模式之一。当某一新技术成为某一行业发展的成熟技术之后，众多企业之间的竞争将上升到将企业内部、外部的人力、物力、财力资源整合优化配置的竞争。为了适应动态的、不断变化的市场环境变化，企业需要持续不断地创新、调整现有的商业模式。这也是某一行业发展处于繁荣发展时期，企业进行商业模式创新难度最大和最频繁的阶段。

四、政策创新引导

政府政策支持因素对于企业的商业模式创新活动有着深远的影响，政策在一定程度上会引导企业的创新活动，这个观点被多个学者所证实（徐青，2019）。Dai（2015）通过对二者关系研究发现，政府支持力度的大小也会与企业的商业模式创新行为有一定的关联。另一位学者在研究商业模式创新与企业绩效之间的关系时发现，政策的支持在其中起到了调节作用（罗兴武等，2017）。较高的创新成本会遏制企业的创新热情，同时新技术的发展或者新商业模式的运行一般都会对原有的利益企业集团造成一定的打击。鼓励与激励新需求、新市场发展的政策导向将对新商业模式的发展起到很好的引导和推动发展作用。例如，交通管理部门对于出行类软件企业创新商业模式的政策导向。

五、企业内部驱动

商业模式创新的内部驱动因素主要为企业家层面和组织层面两种。关于企业家层面，陈静（2017）把企业家认知解构成创新倾向、焦点关注、信息收取三个角度，在这三个视角下逐一分析对商业模式创新的影响。Linder（2000）从一次经典调查中，得出了商业模式创新发生的根本动力源自企业家自身的结论。同时，他指出企业家表现出的特征会在很大程度上引导企业管理者的决策行为，进而影响企业的商业模式创新活动。他的这一研究结论受到了学术界广泛的认可，但也有一些不足，是因为他没有探讨企业家因素与其他因素之间的联动作用。然而，越来越多的学者认为，商业模式创新活动最主要的创新动力是来自企业家具备的精神。Spiegel（2016）通过实证研究证明，一般来说，企业家精神较高的组织倾向于更主动的创新行为，他们愿意承担创新失败所带来的风险，也愿意不断地更新商业模式，满足动态变化的市场需求。Lee（2001）的研究指出，企业家精神是一个企业的内部能力，并研究了企业家精神、外部环境因素与新创企业的绩效水平之间的关系。随着研究的不断深入，企业家精神已经被证实是驱动商业模式创新的核心动力，学者们开始探讨企业家精神的不同维度对商业模式创新的影响。

相对来说，组织层面的驱动因素的相关研究则显得较为散乱，有一小部分的学者关注了企业文化（王炳成等，2016）、企业的动态能力（杨雪等，2019）、组织的资源（沈颂东和陈鑫强，2020）等对商业模式创新的影响。除此之外，一些学者强调了组织学习对一个企业进行商业模式创新的作用，比如汤莉和韩阳阳（2018）认为组织学习会影响企业对市场环境的认知、内化市场资源等，而且组织通过不断试错学习借鉴与吸取其他的经典商业模式的经验可避免一定程度上的风险（田庆锋等，2018）。

第二节　商业模式创新路径研究

一、商业模式创新路径研究的发生机制

商业模式创新路径是企业进行商业模式创新的可操作、可实施的具体做法和途径，是企业通过商业模式创新实现显著增长、构建相比竞争对手更具优势的销量和盈利的有效方式。一直以来，对商业模式创新路径的研究呈现百家争鸣的状态，常见的理论视角有价值视角、要素视角、资源整合和配置视角等，学者们根据自己的研究需求而选择不同的视角作为切入点。将这些研究视角进行多角度、多层次的透视，可以看出商业模式创新路径的发生机制：由内部要素引起的商业模式创新路径的出现和产生作用、由外部因素引起的商业模式创新路径的出现和产生作用，以及内外部因素互动作用引起的商业模式创新路径的出现和产生作用（陈姗姗，2018）。

（一）由内部要素引起的商业模式创新路径的出现和产生作用

早期关于商业模式创新的研究，多集中于商业模式的内部要素，如价值创造，包括价值主张再造、价值网络建构、价值沟通的创新及捕获等。郭锴（2010）以及后来的陈道志等（2016）、罗蜀新等（2016）、江积海等（2017）均是从价值创造的角度对商业模式创新路径进行分析的。王茜（2011）从IT驱动的视角剖析了IT成为企业商业模式创新内生力量的作用机制，并提出了IT驱动的商业模式创新路径。由于当时IT业的兴起，她所做的研究让当时的企业家们看到，商业模式创新的路径不单单是从产品和技术进行创新，还可以是内在驱动引发的商业模式创新。杨涛等（2017）认为分化驱使互联网企业通过预测消费者行为模式而得以服务创新，通过获得超额的消费者价值实现竞争力创新，且在大数据的支撑下，消费价值得以创新。这是在近几年互联网兴起的背景下，对商业

模式创新路径的一个新的分析视角，并借此说明了商业模式创新路径的作用方向。张永安等（2015）针对互联网企业的业务发展特征，基于商业模式分类体系和价值系统理论构建了互联网企业商业模式分析的价值系统模块化模型，分析并归纳商业模式模块化创新对企业价值创造的作用，进而实现企业资源的优化配置和整合，为我国互联网企业成长过程中商业模式的创新提供借鉴。郭守亭等（2016）认为，商业模式是一个具有复杂性、创新性的动态系统，与模块化系统非常相似，将模块化思想应用到商业模式的研究中，为商业模式的构成及其创新路径的研究提供了一种全新而有效的视角，运用模块化思想寻找零售商业模式的构成要素，提出了零售商业模式由界面模块和要素模块组成，探讨了通过重新设计各构成模块从而实现商业模式创新的途径。模块化思想的运用在之前的学者研究中还未曾出现，是当前新出现的学术观点。刘毅等（2012）、赵绘存（2014）、张越等（2014）、李飞等（2015）以及王是业（2015）都是以商业模式创新的要素作为研究视角，提出了商业模式创新的系统框架，强调商业模式创新的系统性特点和要素构成的联动关系，为企业实践和学术研究提供了借鉴。赵黎明等（2014）以消费电子产品为切入点，构建了基于产品视角的商业模式创新实现路径。以上这些学者对商业模式创新路径的研究视角不尽相同，但却在商业模式创新发生机制的方向上统一了观点，即认为商业模式创新由内而外发生机制的路径。

（二）由外部因素引起的商业模式创新路径的出现和产生作用

与上文所述商业模式创新路径由内而外发生机制的路径相反的，是认为商业模式创新路径由外而内发生机制的路径。李东（2006）通过对商业模式的结构化研究，分析了商业模式创新的主要促进因素及其影响机制。从外部力量促进商业模式创新的发生作用进行研究。闪烁（2010）以联想并购 IBM 的 PC 业务为例，阐述了基于商业模式的构成元素——顾客价值创新、盈利模式和利润保护的创新路径，并且通过基于宏观环境变化下的商业模式创新路径模型的建立，阐述了宏观环境变化（如海外并购热潮）下商业模式创新的循环过程。宏观环境的变化引起了商业模式创新的发生，即商业模式创新路径中由外而内发生作用。

（三）内外部因素互动作用引起的商业模式创新路径的出现和产生作用

结合上述两种观点，有部分学者主张商业模式创新的出现和产生作用，是由内外部因素的互动作用引起的，这是一个动态变化的路径。姚伟峰等（2011）基于相关文献建立技术创新—商业模式创新概念分析模型，结合相关案例，指出商业模式的创新路径主要是从技术创新开始，通过企业内外部资源整合形成企业新的竞争力和新的盈利点，最终为顾客创造价值。企业资源整合是商业模式创新的重要因素。赵毅等（2015）系统回顾和梳理了动漫产业发展历程中主要的技术轨道和市场轨道范式，阐释了存在于两种轨道之间交互促进的轨道跃迁演化规律，结合商业模式概念与轨道创新理论，面向我国小微动漫创作主体提出系统的、可操作的商业模式创新路径选择策略。徐明等（2017）以适配理论的相关知识对携程公司的商业模式创新路径进行研究分析，发现携程的创新路径是围绕顾客价值展开的，分为两种：一种是实现企业内部资源的整合和配置的“大数据背景下的服务增强模式”，该创新模式方法内容多样，见效快；另一种是实现企业外部资源整合和配置的“资本垄断下的全面管理的模式”，该模式主要表现在资本市场上的相关活动，耗时长但影响范围广。外部资源的整合是内部资源整合的基础，企业需要密切关注顾客价值，依据顾客价值选择合适的创新路径，保证企业创新的活力。

二、商业模式创新路径的研究内容

从各位学者关于商业模式创新路径的研究内容来看，研究涉及多个领域，包括经济、管理与市场营销等。其中兼有对商业模式创新路径的要素层面及系统层面的研究，和对商业模式创新路径选择所带来的成效的研究，主要集中在以下五个方面。

（一）以探讨如何深化企业创新程度为内容的商业模式创新路径

通过深化企业的创新程度，实现企业商业模式的创新是商业模式创新最简单，也是最容易实现的路径。在这一过程中，企业将原有的创新更进一步，实现比同行业更具有吸引力的创新程度，进而获得更多的市场份额。夏清华等（2017）基于格力和美的的双案例，认为转型过程的商业模式创新是整体性创新，重视技术创新与模式创新协同发展，强化基础技术研发投入，构建企业创新池，形成技术创新的基础资源库，实际上是在原有创新基础上不断强化技术的创新程度。

（二）以探讨如何变革商业模式创新的构成要素为内容的商业模式创新路径

除了深化企业创新程度的商业模式创新路径外，众多学者认为，企业应更多地通过变革商业模式创新的构成要素，进而实现对企业商业模式的创新。一直以来，为学界所认可的要素说是 Osterwalder（2004；2007）关于商业模式价值体系中的九大要素，包括价值主张、目标客户、分销渠道、顾客关系、核心能力、价值结构、伙伴承诺、收入流和成本结构。Johnson 等（2008）则把顾客价值命题（CVP）、关键资源、盈利模型和关键过程作为商业模式创新的四大要素。王红等（2015）从目标顾客、顾客价值主张、价值沟通和分销渠道四个关键要素出发，探讨文化产业商业模式的创新路径问题。

（三）以探讨如何重组企业价值链条为内容的商业模式创新路径

关于企业的价值链条，在当前的时代背景下，已经不单单是企业可见的价值链条，而且是可以向上游和下游同时延伸辐射的不同的市场，让企业更全面地看待其所处的环境及面对的顾客和市场，甚至跨领域与竞争对手争夺市场。郭锴等（2010）以电视传媒企业为研究对象，认为可以通过选择和构建不同类型的价值链，锁定核心价值环节，进行相应的商业模式创新。

（四）以探讨如何重构企业系统为内容的商业模式创新路径

一部分研究学者认为，可以通过重构企业的系统来实现商业模式创新，根据这一创新路径，企业打破原来的稳定系统，重视外部因素或力量的调控或影响作用，借助外力实现企业系统的重新构建，以实现商业模式与外部环境的匹配并使其创新获得外部环境支持，具备强大的抗压能力，适应市场需求的变化，在同行业中实现稳定发展的态势。刘毅等（2012）、赵绘存（2014）、张越等（2014）、李飞等（2015）以及王是业（2015）都以商业模式创新的要素作为研究视角，为企业实践和学术研究提供了借鉴。赵毅等结合商业模式概念与轨道创新理论，向小微动漫创作主体提出系统、可操作的商业模式创新路径选择策略。

（五）以资源整合为内容的商业模式创新路径

持这一观点的学者们看到的是企业内外部资源的重要作用。如前所述，徐明等（2017）认为商业模式创新路径分为两种，且各有优劣。外部资源的整合是内部资源整合的基础。此外，姚伟峰等（2011）认为企业资源整合是新的竞争力形成和商业模式创新的重要因素。

第三节　商业模式创新的路径选择

商业模式创新的最终目的是通过改善企业的长期竞争优势来提高企业的长期获利能力。其途径是对企业可利用的资源的组合方式的优化。这种优化表现为企业为改善其价值创造和价值获取能力而进行的价值链的优化和重组。企业是一个由各种价值活动所组成的系统。各种价值活动相互联系、相互作用所形成的价值网络是企业结构的外在表现，而各种价值活动按照一定逻辑关系所形成的价值创造和价值获取，则是企业与外部环境产生联系的功能。企业商业模式创新的目的是更好地配置资源，以达到对环境的进一步适应，从而提高企业与外界环境有效交换价值的能力。商业模式的灵魂在于价值创新。企业经营的核心是市场价值的实现。企业必须借助商业模式进行价值创造、价值营销和价值提供，从而实现企业价值最大化（孙永波和陈柳钦，2011）。

一、基于价值链的创新

价值链是由美国哈佛商学院的迈克尔·波特在其所著的《竞争优势》（*Competitive Advantage*）一书中首先提出来的。他认为："每一个企业都是用来进行设计、生产、营销、交货等过程及对产品起辅助作用的各种相互分离的活动的集合。所有这些活动可以用一个价值链来表明。"任何一个企业的价值链都是由一系列创造价值的活动所构成的。这些活动分布于从供应商的原材料获取到最终产品消费时的服务之间的每一个环节，这些环节相互关联、相互影响。对于价值链上的任一环节，都有可以挖掘的盈利空间，而这种挖掘从根本上取决于商业模式的创新。正是由于商业模式的创新，开辟了企业的盈利源与盈利面，甚至形成一种颠覆性的商业模式。商业模式创新实际上就是改变现有商业规则，很大程度上来源于对存在于业务中、产业链条中的价值链进行革新与调整。价值链创新把关注的焦点放在价值活动的定位、设计与匹配上。具体来讲，有以下三种创新策略可供选择。

（一）重新定位价值链

通过专注于价值链上的某些活动（通常是高利润的活动），将其余活动外包出去，从而实现商业模式的创新。一般认为，将非核心环节的业务或职能外包给其他企业，有利于降低经营的不确定性风险和生产成本，提高质量，加速了技术和产品创新，有利于发挥各价值模块的核心优势，在合理利益共享机制下实现协同。例如，印度电信公司 Bharti Airtel 将主要活动定位在营销和分销上，而将 IT 及网络职能外包给专业服务供应商，有效地培养了核心竞争力。一个企业价值链定位创新做得好的话，可以把以前容量需求很小的市场，变成一个很大的市场。比如，施乐公司，在其规模很小的时候，它们的技术一天最多只能印 15 张；后来造出了复印速度非常快，可以达到一天印 1000 张的施乐复印机，但价格也非常贵，每台复印机比原来的价格贵 10 倍。虽然它的产品质量非常好，但没有人要。于是，它们创新的方法就是以租赁的方式，每个月给租复印机的企业规定一个基本的工作量。比如说每天印 2000 张的话，每个月就收 95 美元；如果每天超过 2000 张的话，每多一张就多收 4 美分，通过这样的方式迅速地拓宽了市场。每当它们把很高端的复印机架设到客户办公室的时候，就意味着，从第二天起，复印机将给施乐带来现金流。经过十几年的时间，施乐就从一个名不见经传的小公司变成了世界 500 强。

（二）组合调整价值链

通过对产业价值链进行创造性重组，也能创造出新的商业模式。其关键思想就是围绕顾客需求确定重要的部分为中心，组合调整非重要的部分来适应这个中心。也就是说，强化企业价值链条上关键环节的主导作用、非关键环节的辅助配合作用，据此来重新组合调整价值链条上资源的配置。具体的做法是以企业价值链上的“战略环节”的某一点或者几点为中心起点，相应调整价值链条上的其他环节来适应这种变化。对本企业的价值链进行重新配置和改善，去掉不必要的、价值不大的活动，将可以合并的活动加以合并，合理安排活动的先后顺序，从而形成有别于竞争对手的理想价值链。

（三）优化整合价值链

优化整合价值链的关键思想就是做优势、弃弱势，提高效率，优化资源，降低总成本。并不是每个企业都具有价值链条上的每一个优势环节。一般而言，一个企业仅具一点或者几点价值链条上的优势环节。然而企业创造价值需要投入大量有形和无形的资源，这必将带来高额的成本。优势环节可以使资源得以充分利用，而有些弱势环节占用较多的资源却创造较少的价值。据此，企业可以选择具有优势的环节，而把弱势环节实施外包，在降低自身成本的同时，优化整合出一条具有高效率的新的价值链。价值链的优化转换是商业模式创新的本质逻辑，因而实现更高的经济价值是企业开展商业模式创新活动的终极目标。借助价值链等工具对商业模式的价值来源做出系统分析，在一定程度上揭示了商业模式创新的内在机制，进而总结出商业模式创新的本质，统一了商业模式创新的研究思路，具有重大的理论意义。

二、基于价值网络的创新

这种创新的重点在于打造独特的价值网络（Value Network），设计各种交易机制，将企业自身与价值创造伙伴有机联系起来，形成价值创造的合力。在高度竞争的环境中，价值和利润频繁地在产业价值链中移动。今天价值链中最赚钱的环节也许明天就陷入困境，并且价值链会发生断裂、压缩、重新整合。企业考虑利润产生的环节和自身的实力，在价值链中选择合理的位置，发展与供应商、分销商、合作伙伴的联系，发挥协同效应，形成共同为顾客提供价值的网络。各类公司的许多竞争优势都存在于独特的价值网中。这种价值网可以为品牌提供特殊的竞争力，使企业的品牌竞争力很难让竞争对手模仿，并创造出独特的价值主张（Valuable Proposition）。

随着竞争的不断加剧、企业联盟的建立和发展，今后的竞争不再是企业与企业之间的竞争，也不是单一线性价值链之间的竞争，企业正从独立创造价值走向合作创造价值，由多条价值链构造企业价值网。在价值网中，企业可将众多的合作商连在一起，通过有效的资源整合，构成快速、可靠、便利的系统，以适应不断变化的市场环境。不同企业间的价值链关系已经演变成价值网络的关系，企业内部的行为主体间的关系及业务联系也构成内在的价值网络关系。价值网络使组织间的联系具有交互、进化、扩展和环境依赖的生态特性，扩大了企业的动态发展空间。价值网络的价值创造与创新效率不仅取决于各企业行为主体各自的高效运转，更取决于各个行为主体间及其所构成的不同层次的网络系统间的相互联系和合作，以及由此产生的创造性的协同作用。包含独特联系的价值网络，会给企业带来难以被模仿的竞争优势，成为商业模式创新的重要思路。最为典型的是思科公司，它成功运用了“外部资源生产法”。思科公司的商业模式是：把产品制造的整个系统委托设计、委托制造、委托销售。它利用网络使设计者、供货商看起来就像是自己的一个部门。这样无须建立新的工厂，就可将生产能力扩大4

倍，使得新产品推向市场的时间缩短 1/3，员工数量只是传统企业的 1/4，每年节省开支达 5 亿美元。再如，在全球家电产业链中，格兰仕自定位为“全球名牌家电制造中心”，为国外知名企业进行微波炉贴牌生产，不断积攒实力，实现了超大规模和专业化生产，极大地降低了产品成本。在国内，格兰仕以自有品牌为主，专注于研发和制造，将物流外包给专业公司，采用区域独家代理的经销商制度。格兰仕在价值链中选取了合理的定位，发展出独特的价值网络，创造了“低成本设计”的商业模式，将微波炉做到了全球市场占有率排名第一。

三、基于价值星系的创新

价值星系（Value Constellation）是随着网络经济的发展而出现的。所谓价值星系，是一个企业间的中间组织，是一个企业引力集合的创造价值的系统。这个系统的各成员，包括作为“恒星”企业的经纪人公司、模块生产企业、供应商、经销商、合伙人、顾客等，共同“合作创造”价值；通过“成员组合”方式进行角色与关系的重塑，经由新的角色，以新的协同关系再创价值。价值星系的出现标志着企业组织形态和价值创造机制的发展正进入一个新的阶段。以互联网为“促成技术”（Enabling Technology）进行知识交流，厂商与顾客的关系重新组合（Reconfiguration），与供应商、合作者、战略联盟、竞争对手、员工、顾客等共同创造价值（Together to Coproduce Value），各产业成员组成共创价值的、共享成果的、如星系四周密布网状价值链的价值星系。这就形成了横向、纵向交织的网状形态的、全社会各行各业的价值链交织在一起的、更为复杂的价值星系。企业不能够再被简单地理解为传统的线性结构的价值链，而是陷入了一种结构更为复杂的、包含多个产业的价值星系。像思科、戴尔、苹果、耐克等公司，已走在了创建价值星系的前列。价值星系是一种协作网络与系统化的（Collaborative and Systemic）新商业模式，它利用及借助于柔性契约网络与顾客选择去驱动战略优势。这表现在：①价值星系可以与顾客一起创造出价值增值和为顾客提供创造价值的服务设计决策；②价值星系不是一种按顺序连接的固定链条，而是一种包含顾客或供应商合作、信息交流活动的强有力的高业绩的网络。成功的价值星系内的交易伙伴集成必须具备可视性（Visibility）、速度（Velocity）和黏度（Viscosity）。Internet 的出现为可视性、速度和黏度提供了有力的手段，许多价值星系都构建了一致的 B2B 电子商务平台，以便与所有供应商、销售商伙伴进行设计、生产和交货等活动的整体性协调。③价值星系各模块企业的关系是“市场需求拉动供应，而不是供应控制需求”的上下游合作关系，新利润和竞争优势的赢得要素关键在于企业间供应链的变革，形成一种能为获得市场份额、顾客亲和力和持续优势提供有效手段的新型供应链业务模式。从制度经济学的视角看，价值星系作为中间组织的一种，是介于市场与企业之间的一种制度安排，其资源配置方式是市场治理的“价格机制”和科层治理的“命令机制”的混合，其成本也是交易成本和组织成本的混合。价值星系全面成本合理化，旨在由“恒星企业”推动各成员企业共同努力参与企业间成本改善活动，并相互协助改善企业内部成本管理系统，从而促进价值星系的可持续发展，最终使星系内各成员企业共谋其利、共享其成。

四、基于资源能力的创新

商业模式创新是对资源的创造性配置。资源是企业的专用性资产，包括专利、商标、品牌、声誉、顾客基数以及员工。基于资源能力的商业模式创新重在对新资源的发掘和利用，或是充分挖掘现有资源的潜在价值，从而建立起竞争优势。价值链定位对于价值创造扮演关键角色，企业如果想要分享价值链中的主要利润，必须掌握其中对于创造价值有重大贡献的关键流程与资源。

成功的商业模式创新活动是以准确把握市场机会、以创新的方式整合资源并快速响应市场为基础的。这种商业模式创新的着眼点在竞争对手忽视或难于模仿的资源或能力上，而不是把制定战略的重点放在外部环境的分析和行业选择上。商业模式的创新使企业获得配置资源能力的“异质性”（比如，企业家对机会的把握能力、创造性的认知模式、创新地获取和整合资源的能力、组织的学习能力等），由此决定了其获得高额经济回报率的可能。这是由企业或企业家在有缺陷的或不完全的要素市场中的开发战略性资源的能力决定的，戴尔的直销模式就是典型的证明。新资源为公司创造新的顾客价值提供了潜力，商业模式的意义在于将新资源的潜力释放出来。例如，纽科钢铁公司引进新的炼钢技术，利用废钢生产建筑用钢铁产品。由于新技术大幅降低成本，填补了低端市场的空白，公司获得了快速发展。该公司进一步以低端市场为利基，将产品线延伸到高端产品，打败了伯利恒等老牌钢铁公司。创新的方式创造性地整合现有资源也是商业模式创新中的一种类型。例如，麦当劳开发的麦乐送业务。麦当劳发现其当前的资产

（消费者群体、品牌、门店、供应链系统、人力资源、促销资源等）没有得到充分的利用。例如，在高峰时段，店内人满为患，所有座位都被顾客占用，有很多人在柜台前等候；同时，后厨食品加工设备和企业供应链管理体系，似乎并没有完全发挥最大价值。于是，麦当劳重新审视了这些资源的潜在价值，通过400送餐电话将现有资源用新的方式结合在一起，开发了麦乐送业务。这一模式整合了消费者的外卖需求，并将单店外卖业务整合为集中式外卖，在满足顾客需求的同时，麦当劳也实现了资源价值的最大化和营业收入的增加。再如，芒果网通过整合航空公司、银行、酒店等资源，使自身迥然不同于行业领先者。跨行业整合资源必然会突破行业既有的限制与竞争规则，改变行业和企业价值链的构成，这也就在商业模式上同竞争对手形成了差异性。

商业模式创新是一个集公司内外环境、资源、能力等因素于一体的复杂的过程，它难以被外人完全解读；同时，商业模式创新还是一个知识创造和积累的过程，这个过程中大量的隐性知识具有公司专有属性，这使得对手在模仿的时候面对很大的信息不对称，从而阻碍模仿。对于资源以创新的方式整合能获得更低的成本或更好的差异化，而且资源的新组合涉及组织内部大量积累性知识，这些知识往往都具有公司专属的特征（如隐性知识）。通过资源的新组合，把输入的同质性资源转化为异质性输出，从而使公司获得竞争优势。

五、基于盈利模式的创新

盈利模式定义了企业的商业模式如何取得盈利。它包括：①收入的介质——选择什么产品、服务获得收入；②交易方式——通过什么样的方法和渠道取得收入；③计费方法——怎样对收入介质定价。灵活地改变收入模式中的这些要素，可以刺激顾客的消费欲望，增加购买，或者提高单位产品的收入。这种模式的创新者或者对“舍得之道”领悟娴熟，通过设计各种收入机制来实现“舍得”的商业利益，或者精明老到，善于利用一切可能扩大收入来源。企业通过改变收入介质，与竞争者形成差异，往往会获得新的利润来源。例如，连锁快餐企业麦当劳实际上有90%的收入来源于房地产。麦当劳将租来的房产转租给加盟店，通过赚取租金差额来获得大量利润。产品的差异化是竞争优势的一种重要来源。提供特别的产品和服务的商业模式是难以被模仿的，能够为顾客创造独特的和附加的价值，更有效地保护利润流。企业要想提供特别的、更新、更好、更快、更全的产品和服务给顾客，具体的方法有：开发先锋类产品，通过宣传、促销等手段改变顾客的感知，提供新颖的设计，对产品服务进行捆绑组合及提供综合的解决方案等。例如，美国出品的芭比娃娃每个售价仅为10美元左右，但这个看似普通的洋娃娃，却是一个会“吃美元”的儿童玩具。其中的奥妙在于，芭比娃娃商店在售出玩具后，会持续提供后续服务，培养儿童与芭比娃娃的感情，定期提醒玩具的小主人要给芭比娃娃买新衣服。芭比娃娃的制造商告诉消费者，芭比娃娃的职业身份越多，她在同伴中的地位就越高，而一套系列装的价格一般在四五十美元。到了一定时间，芭比娃娃还要结婚，消费者除了需要再买一个男性娃娃以外，还要为男性娃娃买衣服、电动剃须刀等。以后还会有第二代洋娃娃……消费者的钱包被一次次不知不觉地打开。芭比娃娃供应商通过一次简单的销售，却从消费者手中获得了源源不断的利润。芭比娃娃这种商业模式的创新关键来源于前期产品的设计环节，正是成功地赋予了芭比娃娃丰富的人性，才使得产品销售改革环节的策略获得成功，形成了极为有效的商业模式。

企业改变交易方式时可以考虑：是否采用信用交易，推行消费信贷，采用批发还是零售交易，是否实行竞标等。例如，eBay公司改变传统的交易方式，提供网上拍卖交易，为超过1.35亿的注册用户提供服务。消费者可以很方便地从eBay购买或销售从芭比娃娃到二手车范围内的成千上万的产品，eBay的商业模式把原来不可能实现的交易变成了现实。再如，凡客诚品虽然创办只有短短的三年多时间，但是凭借其对电子商务互联网营销的深刻理解，不但超越了最初市场形态的竞争对手，而且不断以微创新方式提升客户体验。甚至当今B2C互联网的许多基于客户体验的基本性规则，都由凡客诚品所创新设立。“30天退换货保障”“全场免运费”“1000城市送货上门”“货到付款”之类对消费者的承诺，这些虽然并不是B2C行业的标准性规则，但却是吸引用户、刺激消费的最核心的客户体验。以微创新为手段，以客户体验为服务目标，凡客诚品以远高于业界的速度在成长。

在计费方法方面，比如选择不同的计费单位、是否分期付款、折扣、捆绑定价等。例如，网络视频租赁服务公司Netflix在1997年成立时打出“无限期租借、无逾期罚金”的口号，向收取逾期罚金的业界惯例提出了挑战。然而，在付款方式上仍旧采取了“租一张花一张的钱”的传统做法。在经历了早期的失败后，Netflix于1999年采取了注册用户的月租费制，制定出不同的资费档次，并据此作为顾客一次性可租借最大数量的依据。凭借着独特的预约与换盘流程设计，Netflix 成功地扭亏为盈，并获取了持续的高成长。有一个汽车厂家的盈利方式非常有特点：一个是收设计费，另一个就是提成。所谓提成就是该汽车厂家设计的产品由自己和其他汽车厂家一起来卖，如果其他汽车厂家卖得好的话，该汽车厂家就会收提成。这样一方面可以节省成本支出，另一方面可以增加汽车厂家从设计出的产品中获取收益的机会。它让汽车厂家更关注这个产品能否成功卖出。这种盈利模式就是供应商和客户、供应商和厂家共同承担产品经营风险的方式。这是现在各行各业越来越流行的方式，也是一种盈利模式的创新。

第六章　商业模式创新发展趋势

第一节　商业模式创新与社会发展

商业模式创新与社会发展息息相关，一方面，社会发展为商业模式创新创造条件，在进入了数字化时代的今天，网络与移动通信技术正在全方位地改变着人类的生产、生活方式，越来越多的信息技术融入社会生活，促使企业的生产经营方式发生改变。计算机辅助生产技术的广泛使用使生产在标准化和规模化的基础上进一步实现了柔性化与多样化，网络与移动通信技术设施的发达完善在为企业有效拓展市场空间向全球化发展创造条件的同时，也有效降低了社会交易成本，并且通过降低社会交易成本促使企业的交易方式与组织结构随之发生变化。另一方面，在技术进步与社会发展推动商业模式创新的同时，商业模式创新又可以进一步促进社会发展，这主要体现在商业模式创新是科学技术产业化的基础和保证，是社会经济持续发展的必然要求和提升企业竞争力的重要手段等方面（齐严，2010）。

一、社会发展为商业模式创新创造条件

（一）新技术为建立更加优越的商业模式创造了条件

没有计算机辅助设计与辅助生产，就不可能实现可以满足个性化需求的小批量、柔性化生产；没有网络技术的普及，一周 7 天、一天 24 小时提供服务的网络销售模式也不可能出现。可以说，信息技术革命在给传统企业带来挑战的同时，也为企业的商业模式创新带来了机遇，新技术也为新模式的出现提供了空间、创造了条件。

（二）消费需求的变化要求企业商业模式创新

随着社会经济的迅速发展，消费需求日益呈现出个性化、自主化、复杂化的变化趋势。与过去不同，个性化需求要求企业做到小批量乃至定制化的生产与销售；消费需求的自主化表现为消费者对于产品设计和生产过程的参与倾向以及与企业直接沟通的需要，而这将要求企业改变原有的单向分销与促销的模式，采用与消费者双向沟通的方式，吸引消费者参与产品的设计和生产过程；复杂化是指消费者在个性化与自主化的基础上，可能将更加注重产品提供的价值及利益，而失去以往的品牌忠诚度，这将要求企业进一步创新营销方式为顾客创造更多价值，以及采用更加有效的方式建立竞争优势（Pohle，2006）。以快递为例，传统的邮政模式只是坐等顾客上门，并将服务简单地分为同城或异地、特快或普通等几种类型。如今面对个性化与复杂化的消费需求，上述传统服务方式已很难满足顾客需求。为了更好地满足顾客需求，快递公司不仅增加了主动上门取件服务，而且还提供包括次晨达、2 小时、4 小时等限时服务在内的多种门到门新型快递服务。总之，在现代信息技术背景下，消费需求发生了巨大改变，并要求企业提供更加细致周到和高水平的服务，而这种来自消费需求的变化，需要企业改变传统商业模式中不适应的部分，并通过创新商业模式更好地满足市场需求。

（三）企业管理方法与理论的变革与创新进一步推动商业模式创新

在信息技术革命的大背景下企业管理方式与理论快速发展，出现了很多计算机与网络技术支持下的新型生产方式与运作方式，为企业商业模式的系统化创新奠定了基础，信息技术革命背景下的企业管理创新主要表现在管理方式创新、组织变革、边界柔性化、流程再造与职能创新五个方面（齐严，2010）。

1. 管理方式创新

（1）生产管理系统。主要有物料需求计划、计算机辅助设计、计算机辅助工艺编制、计算机辅助制造、计算机辅助质量控制、计算机辅助测试、最优生产技术、成组技术，等等。这些系统充分运用现代信息技术对企业生产过程中大量的基础数据进行采集、传递和加工处理，实现产品订货、设计、制造、管理和销售过程的高度自动化，促进了生产的发展，提高了经济效益。

（2）职能管理系统。主要有资源制造计划、柔性生产系统、办公自动化系统、事务处理系统，等等。这些系统的运用大大提高了工作效率，给企业带来了新的生机。

（3）决策支持系统。计算机信息技术的飞速发展不仅使专业管理软件日趋完善，而且使多业务综合、全企业信息资源共享的管理系统获得很大的发展。在以信息采集系统、数据库建立与维护、信息资源检索、专业管理业务处理与监控为主的业务处理系统的基础上，出现了以例行业务处理系统为基础、以随机业务处理系统为骨干、以决策支持系统为龙头的信息资源管理系统。主要有计算机集成制造系统、并行系统、产品数据管理、专家系统、群体决策支持系统、战略信息系统，等等。

（4）电子商务。企业可以在互联网上通过电子数据交换等共享非结构化或结构化的信息，在交易双方的计算机应用系统之间进行方便、快捷的数据交换和自动处理，完成和管理在商务活动、管理活动和消费活动中的各种交易。与此相应，产生了一系列应用系统，如综合业务数字网、开放系统结构模型、产品数据交换规范等。这些管理系统不仅改变了企业管理方式，而且引起了企业组织的变革。

2. 组织变革

传统的阶层式组织模式过于强调分工和职责，限制了员工的创造性思维，影响了管理效率，不能适应快速变化的环境要求。这种模式在信息技术的影响下出现了如下几个方面的改革趋势。

（1）组织扁平化。信息技术的运用改变了企业的沟通方式，信息可以在同一层次上传递和共享，传统的员工之间的纵向关系在企业信息网络平台上变成了纵横交错的平等关系，中间层次逐渐淡化，组织结构出现了扁平化趋势。

（2）组织网络化。传统企业的各个部门之间基本上是割裂的，各部门之间很少沟通和交流，基本不能共享信息。随着数据信息系统和网络技术的应用、发展，这种组织模式得到了改变。职能管理部门的重复性管理控制工作可以交由企业管理软件自动完成，职能部门的主要任务是修改和控制程序、处理例外事件，工作方式也是协商式、互动式的。在以工作或任务为中心的团队内部，员工之间的纵向分工不断减少，而横向分工和协作不断增加，企业组织结构变成一个相对平等和自主、富于创新精神的小型经营单元或个人组成的网络型组织。

（3）组织小型化。与扁平化、网络化要求相适应的是企业规模的小型化。同大公司相比，小公司虽然在市场开拓、研究与开发、销售网络、信息网络等方面传统上有一定劣势，但在信息时代，小公司员工的自主性和创新动力要明显强于大公司。在知识技术更新频繁的情况下，小公司的学习能力和学习效率也要强于大公司，而且在基于互联网的电子商务面前，小公司的销售能力并不亚于大公司。

（4）学习型组织。在扁平化、网络化的组织中，员工信息共享，彼此交流易于造成“终身学习”的浓厚学习气氛。通过员工的自我学习、自我发展、自我控制，突破个人的狭隘专业技能，不断增强适应与变革的能力。

3. 边界柔性化

现代信息技术的发展，一方面使企业之间进行交易的信息搜寻成本、谈判成本、拟定和实施契约的成本降低，使企业之间的交易范围和交易速度极大地提高，在大大降低了市场交易成本的同时，使过去为了降低交易费用而建立的“大而全”和“小而全”的企业结构失去了继续存在的理由；另一方面，现代信息技术使企业内部信息沟通、相互监督、业务协调的难度和成本降低，使过去为了有效控制和监督而建立起来的权力和业务相对集中的层级组织也失去了存在的理由。因此，对企业和企业目标市场的边界以及相对优势进行重新调整和定位的需要日益凸显，并促使虚拟企业的管理概念和管理模式逐渐发展。所谓虚拟企业，就是通过传统的企业管理方式借助于各种企业外部力量，对外部的资源进行整合以创造出一种全新的整合竞争优势的一种经营组织模式。一般的企业都具有产、供、销、人、财、物等各种基本功能，而虚拟企业可能只从事自己最具优势的核心业务，而把其他不具优势的企业功能交由市场中的其他主体去完成。在信息时代，典型的虚拟企业可能只是一个网址，网络空间是其办公场所，其主要任务是通过对外部资源进行不断的组合来实现其目标。另一种形式是战略联盟，即通过供应链重组，设法使上下游企业都能顺畅地运转起来。其竞争优势来源于供应链上的战略环节的更加有效率的整合。一般认为，所谓战略环节，是指企业具有相对垄断优势并能够为企业带来较高附加值的供应链环节。因此，企业必须控制战略环节，以增强其核心竞争力。

4. 流程再造

信息技术的迅速发展与广泛应用，对企业的业务流程产生了重大影响，促成了流程再造思想的产生。20 世纪 90 年代，美国管理大师迈克尔·哈默和詹姆斯·钱匹，提出了业务流程再造的思想。其核心是以信息化和知识化为基础，以顾客需求为导向，对企业工作活动及相关流程进行关键性的重新设计和根本性的变革，使其成为精细化、扁平化、并行化的精干的运行机制，从而在激烈的市场竞争中缩短产品周期，降低成本，提高顾客的响应度。再造后的流程可以打破原有的科层组织中的职能与部门界限，使企业的活动重新构建在跨越职能部门与分工界限的“顾客需求导向”的基础上，使原本无人过问、支离破碎的业务流程变得更加紧凑有效，从而加快对顾客需求的响应速度，提高产品与服务的品质保证和有效性，更加有效地增强企业的竞争力。流程再造工程一旦推行，将会给企业带来一些根本性的变化，一是工作单位划分的基础，从职能变成流程，并促使业务流程的整合与分解更加合理化。传统上本来应该属于一个整体的业务流程往往由于任务性质、承担者的知识等因素而被切割、分散到不同的职能部门，而本应分散到不同职能部门中的不同流程环节，则由于很强的内部联系而组合在一起，造成效率低下。实施流程再造可以促使业务流程的整合与分解朝着更加合理化的方向发展。企业可以围绕经营目标、具体任务、跨越时空的需要以及人员构成的限制进行优化组合。同时，流程再造还可以使流程各部分边界模糊，各职能部门同时进行信息交流，从而使线性的业务流程转向多部门同时进行的并行过程。二是工作内容由单一变为丰富。三是工作人员的角色从被控制转变为有决策权。四是获取工作能力的方法从没有系统训练变成有全盘计划的教育。五是在价值观方面，将由为主管而工作变成为顾客而工作。六是高层主管的管理方式由事后评分改变为事前对员工主动引导。

5. 职能创新

职能创新包括三个方面。一是研究与开发范式的创新，IT 的应用使原有的 R&D（Research and Development，研究与发展）由线性、封闭和分割性变为非线性、开放和全球化。原有的 R&D 遵循“基础研究—应用研究—应用开发—试制—工艺”的线性过程，在信息时代则可使基础研究、应用研究、应用开发、试制与工艺互相交融，同步开展。对大公司而言，原有的 R&D 往往分散于各事业部，不同的事业部相互封闭，信息共享度低，沟通速度慢，而通过互联网，公司总部 R&D 中心可以与分散各地的 R&D 中心随时沟通，各分支机构也可随时进行横向的交流和沟通。过去，不同企业间的 R&D 是相互封闭，互不交流的，随着互联网的普及，全球的 R&D 合作不断加强。二是生产制造范式的创新，不管是传统的制造业，还是高科技制造业，企业的生产制造越来越离不开 IT。IT 的应用使企业生产效率大幅度提高、产品生命周期缩短、应变性增强。适应顾客的个性化需求，生产方式也由大批量转向小批量，乃至基于IT的FMS（柔性制造系统）按不同的顾客定制的柔性化生产方式。同时，社会与经济的网络化使虚拟制造成为有效利用别人资源，乃至实现全球化制造的有效模式。三是营销范式的创新，基于互联网与电子商务的营销，突破了时空的限制，减少了中间环节，由过去的“制造商—批发商—级或多级批发商—零售商—最终客户”的营销模式，变为“制造商—零售商—最终用户”，或“制造商—最终用户”。这不仅拓宽了营销渠道，而且大大降低了销售费用（Mazzocchi，2004）。

综上，企业管理方式创新、组织变革、流程再造、边界柔性化与职能创新这些发生在企业管理各个方面的变革与创新，从要素层面为企业商业模式创新奠定了基础，进一步促使商业模式在信息技术的推动和外部市场需求的拉动下实现系统化的整合创新。

二、商业模式创新促进社会经济发展

（一）商业模式创新是科学技术产业化的基础和保证

新技术需要新的商业模式与之配合才能充分发挥作用并实现产业化。科学技术作为社会发展第一生产力得以发挥作用需要适合的商业模式作为基础和保证，没有成功的商业模式支撑，科学技术不可能直接转换为生产力，只有与特定的商业模式相结合，科学技术的力量才能有效发挥。例如，在以蒸汽机为代表的工业革命时代，商业模式表现为工厂化生产与专业化销售的分工。在电气时代，则表现为大规模的标准化流水线生产方式与现代营销模式的结合。而在当今的信息时代，柔性化生产、虚拟企业和网络营销将可能成为企业的主流模式。纵观人类社会经济的发展史，无论是新兴产业（如软件业）的出现还是传统产业的升级换代（如快递业）都离不开成功的商业模式创新，从某种意义上说，商业模式创新同技术创新一样也是推动社会经济发展不可或缺的动力源泉。成功的商业模式是科学技术转化为商品并为社会所接受的基础和保证，可以有效地推动新技术产业化发展，因此，也是推动社会经济发展的动力源泉。

（二）商业模式创新是社会经济持续发展的必然要求

企业生命周期理论指出，任何企业都存在一定的生命周期，存在一个从诞生、成长、壮大到衰退甚至死亡的过程。虽然不同企业的寿命有长有短，但企业在生命周期的不同阶段却存在着具有共性的特征与规律。了解这些共性与规律有助于企业及时判断自己所处的生命周期阶段，通过变革与创新修正自己的状态，从而尽可能地延长企业寿命。企业生命周期理论的主要观点有：第一，企业的发展具有不可预期性。一个企业由年轻迈向年老可能会经历 20~30 年时间，也可能会经历好几个世纪的时间。第二，企业的发展过程中可能会出现一个既不明显上升也不明显下降的停滞阶段，这是生物生命周期所没有的。第三，企业的消亡也并非不可避免的，企业完全可以通过变革实现再生，从而开始一个新的生命周期。现实生活中很多长寿企业的案例可以证明上述观点，例如，考察历史悠久的企业诺基亚的发展史，就可以充分证明这一点。因此，任何企业要维持自身发展都需要坚持创新，商业模式创新作为企业创新的主要形式之一，对于促进企业的持续发展具有重要作用，是企业持续发展的必然选择。

对于由众多具有相同特征的企业所构成的产业而言，同样存在着一定生命周期，存在一个由成长、成熟到衰退的发展历程，也需要坚持创新来维持整个产业的发展，只不过与企业的生命周期相比，一个产业的发展过程更长、更复杂。有学者指出，对于处于不同生命周期阶段的产业而言，创新的内容与形式并不相同，在产业发展的初期，创新大多集中在产品或技术的完善与创新方面，创新的目标是使产品以及相关的技术更加稳定可靠。在成长期，创新的内容开始更加丰富，但基本上还是以提升产品性能和开发不同类型的产品为主。而在成熟期，情况发生了变化，这时趋于饱和的产品市场已经容纳了太多的同类产品，无论产品性能如何改善、品种如何丰富，若没有根本性的改变，市场都将难于容纳了，这时产业的发展需要重大的改革与创新的支持，而商业模式创新正是承担这种任务的恰当选择。所以，在产业发展的成熟期，商业模式创新成为关注的焦点和推动产业发展的主要动力。传统零售业的发展，就充分印证了上述观点。从亮丽登场的大型百货商店代替传统分散的便利店成为零售业的主流业态，到沃尔玛式的大型连锁超市异军突起，对大型单体的百货商店形成挑战，再到集购物、休闲、娱乐于一体的大型超级购物中心 Mall 的出现，以及当今世界发展速度最快、市场扩张最广的网上商店，都充分证明了商业模式创新对于传统产业发展所具有的促进作用。

（三）商业模式创新是提升企业竞争力的重要手段

在当今迅速变化的社会背景下，无论在何种行业的企业都面临着日益严峻的竞争挑战，如何不断地提升企业竞争力，有效应对各种挑战，已成为企业和管理学者关注的首要课题。从关注技术创新到建立以需求为导向的营销战略，再到以竞争为导向的市场竞争战略，从流程再造到供应链的外包与企业核心竞争力，从企业文化到学习型组织，有关提升企业竞争力的理论与实践内容日益丰富并且不断创新。然而，虽然很多理论与方法都曾经非常有效，在一定时期内对于迅速提升企业竞争力发挥了重要作用。但不可否认的是，上述方法与战略在提升企业竞争力的过程中都存在容易被竞争对手模仿、竞争优势难于维持等问题。商业模式创新不仅能够有效提升企业竞争力，而且作为一种系统的整体创新，是竞争对手在短期内难于模仿的。事实上，企业的商业模式作为一种系统创新包含了包括价值主张、资源组合、运作流程与界面模式多项系统要素的协同创新，而创新为企业带来的竞争力则来自系统要素整合而产生的具有全新属性的系统涌现性，它不是简单要素的加总，而是包含了任何独立要素都可能并不具备的新的属性，就像生物体所具有的功能是其任何独立的器官并不具备的一样。因此，这种整合创新给企业带来的竞争力是独特的，也是其他企业难以模仿的。

第二节 “互联网+”商业模式创新发展

随着经济社会发展和科学技术的进步，商业模式也在不断地改变。尤其是“互联网+”的出现和应用对传统商业模式造成了巨大冲击，共享经济的发展也为传统企业带来了许多新的机遇和挑战，只有顺应潮流、不断创新，才能实现持续发展的目标，随着互联网的产生和发展，逐步分析商业模式的创新发展历程（刘彦蕊，2017；王芳，2018）。

一、“互联网+”的相关概念

（一）“互联网+”的产生

互联网的概念自20世纪70年代出现以来，逐步对人类生活的方方面面产生着影响，如今，互联网正在成为与电力和道路等传统基础设施同等重要的网络空间的基础设施。它不仅可以提高信息发布的效率，而且正逐渐地建构着我们未来的生产和生活方式。在大数据应用、云计算、移动互联技术发展的带动下，互联网思维应该成为我们一切商业思维的重要考虑。互联网的网状结构模式，中心、层级结构被弱化。互联网的技术结构决定了它内在的精神是平等、分散、协同与共享发展模式。协同发展的重要基础是分散的各要素的“平等化”，共享机制可以调动积极性，更加尊重人性。从这个意义上讲，互联网经济是真正的“以人为本”的经济。推动互联网和实体经济深度融合发展，以信息流带动技术流、资金流、人才流、物资流，促进各类资源优化配置，它更符合人类的切身发展需要与方向。例如，互联网与通信产业的结合产生了微信、QQ，互联网与金融产业的融合短期之内产生了众多的“网络众筹”平台，互联网与交通领域的结合产生了Uber等公司，互联网与房地产业的结合产生了小猪短租、Airbnb等公司。互联网与传统产业的结合的范围在不断地扩大，产生的影响也越来越大，这必须得到企业界、学术界和政府等各方的关注与研究。

随着互联网、大数据应用、云计算技术的发展，移动互联网、物联网、车联网从概念到实际应用的速度不断加快。互联网发展方向与涉及的领域已经不仅仅是信息发布与交流的简单平台，它的发展已经对传统商品实体店、制造业、金融业、房地产业、交通业等众多的产业发生或者正在发生颠覆性改变。互联网产业的发展正在向几乎所有的产业加速渗透，对传统产业发展模式造成很大的冲击与挑战。

我国政府对此变化发展做出了及时反应，加强了研究分析。2015年3月5日，李克强总理在第十二届全国人民代表大会第三次会议上所作的政府工作报告中提出制订“互联网+”计划，强调推动移动互联网、云计算、大数据、物联网等与现代制造业结合，促进电子商务、工业互联网和互联网金融健康发展，引导互联网企业拓展国际市场。2015年7月1日，《国务院关于积极推进“互联网+”行动的指导意见》（国发〔2015〕40号）正式发布，提出“‘互联网+’把互联网的创新成果与经济社会各领域深度融合，推动技术进步、效率提升和组织变革，提升实体经济创新力和生产力，形成更广泛的以互联网为基础设施和创新要素的经济社会发展新形态”。

（二）“互联网+”形式下的分享经济

自2013年起，以美国Airbnb、Uber、TaskRabbit、中国小猪短租、人人贷、全通教育，加拿大拼车平台Blan Cride、借贷平台Borrwell，英国借贷平台Zopa和Funding Circle、在线教育平台Mooc-Futurelearn等为代表，几乎遍布全球地同时出现一种整合对接供需双方需求的互联网平台，这类平台整合对接的资源突破了以往的思维模式，以充分发挥利用现有个人私人财产、智慧和技能来满足社会个体或者相关组织需求为主要目的，意在盘活整个社会资源，使得人尽其才、物尽其用。

据统计，2015 年以 Airbnb、Uber、Zopa 等为代表的类似互联网平台在全球取得爆发式发展，全球的市场交易规模约为 8100 亿美元。基于这类平台对接资源供给方私人资源的特点，使用往往是在不变更所有权的前提下，企业界、科研领域一般称这种新兴起来的经济商业模式为“分享经济”。

追溯字面形式的“分享经济”概念的来源，我国经济学家李炳炎教授在《社本论：社会主义资本论》和《劳动报酬不构成产品成本的内容》中提出“社会主义分享经济理论的核心观点”。国外方面，在美国经济学家马丁·劳伦斯·韦茨曼（Martin Lawrence Weitzman）出版的《分享经济》中提出了分享经济的概念。但是，仔细阅读其内容可以发现，两位学者所谓分享经济理论是基于微观的企业行为，指的是经济发展动力不足的条件下，倡导一种新的利益分配制度和财税政策，以建立新的企业经济发展刺激结构和机制，其核心是研究工人与资本家如何分享企业收益的问题。

可以说，当今红遍全球的分享经济是在上述两位学者“分享经济概念”的基础上发展而来的，只不过其分享的不是已经产生的收益，而是在分享时才产生收益。当今的分享经济是一种以“互联网+”为基础的、在不增加新供给的条件下，以充分利用社会闲散资源为出发点，推动人类社会生存所需。发展分享经济可以减少对新能源的开发和利用，在全球经济供给过剩的条件下是一种刺激经济增长的创新商业模式。

二、“互联网+”商业模式创新发展历程

（一）“互联网 +”1.0 时代——“平台 + 免费”商业模式创新

所谓平台商业模式创新，即借助互联网平台，打造网络商务闭环，构建一体化的多边市场平台。平台价值在于通过互联网集合客户群体，通过各种客户群体的互动创造最大商业价值。例如百合网、世纪佳缘等相亲网站，就是通过相亲的男女方客户互动产生盈利；再比如淘宝网通过建立开放式的购物平台，为消费者提供了一站式、多元化的购物体验，并收取入驻商家的宣传费用。所谓免费商业模式创新，即在互联网上给予消费者免费的基础服务，其主要形式分为三种：一是基于双边或多边市场的免费服务或免费产品，借助第三方支付弥补产品与服务

的成本；二是除了基础服务免费外，对高级服务进行溢价收费；三是利用免费服务培养忠实客户，养成良好使用习惯，进而采取后续收费模式。作为“平台 + 免费”商业模式创新的佼佼者，奇虎 360 在 2007 年异军突起，凭借着免费的杀毒服务，成功地塑造了品牌形象，相继推出的安全卫士与软件管家等免费服务为客户提供了优质的服务体验。2008 年，“360 安全浏览器”的推出，更是为奇虎 360 带来了大量现金流，免费的网站导航服务，广告费盈利模式弥补了其经营成本，随后的 360 游戏与 360 其他自主软件也吸引了大量用户，在用户优势下，平台联手其他品牌，形成了多边化的协同效应，促进了行业发展。

（二）“互联网 +”2.0 时代——“内容 + 社区”商业模式创新

在互联网商业模式中，产品、平台与社区分别是不同的三个层次，在“平台+免费”商业模式创新快速发展过程中，“内容+社区”商业模式创新优势逐渐展现，以小米为代表的商业模式创新引起了社会广泛关注。“内容+社区”商业模式核心在于媒体属性+商品与社交属性，通过媒体传播产品的内容将消费聚合，而后通过社区消费者的培养、沉淀，形成共同的价值观，进而开展商业活动。“互联网+”2.0 时代的内容，即全媒体化内容，企业借助媒体网络，更有针对性地吸引客户、提高消费者的忠诚度与黏性。随着微博、微信等自媒体的出现与快速发展，全媒体化的社会关系网络逐渐完善，企业能够与消费者产生内容互动“链接”，随时调整发展战略，拓宽销售渠道，提高口碑与品牌价值。互联网的社区化发展，打破了时间与空间的局限性，让人们可以在任何时间与地点购买商品，在网络社区进行沟通与交流。以小米社区为例，在小米手机设计阶段，便积极吸纳手机发烧友，共同探讨手机的功能。小米秉承“一切环节皆体验”的商业理念，通过小米，社区持续不断地培养忠实客户，通过提高客户的参与感与忠诚度，扩大了市场份额。在及时有效的互动沟通中，小米公司不断提高服务水平，提高产品的使用体验，形成了良性发展循环。

（三）“互联网+”3.0 时代——“互联网+O2O 产业链”商业模式创新

随着移动 4G 网络的快速发展，“互联网+”3.0 时代到来，各行各业与互联网的融合与渗透率不断提高，互联网产业链外延不断拓宽，O2O 线上线下商业模式成为当前社会的关键词之一。相较于“平台+免费”与“内容+社区”商业模式创新而言，“互联网 +O2O 产业链”商业模式创新的优势在于“流量至上”的商业逻辑，随着前期发展的流量积累，企业的竞争优势日趋明显，在大流量的堆积下，流量的变现功能凸显，例如视频网站、旅游网站与购物网站纵向的产业链发展趋势明显。“互联网 +O2O 产业链”商业模式创新的本质是借助互联网开展O2O线上线下深度融合发展，一方面提高了传统产业链的物流、信息流、资金流效率；另一方面重塑传统产业链，打造了新型商业模式与供需程序，拓宽了市场空间。以京东商城为例，随着京东自营物流的布局日趋完善，其产业链的闭环逐渐形成，通过定制供货与自营销售等方式，塑造了京东物流的核心竞争力。与“互联网+”2.0时代相比，3.0时代的变现特征在于线上与线下共同变现。通过线上与线下的融合，创新商业模式，遵循顾客导向，利用互联网技术解决传统供需矛盾，扩大供给与需求，提升产业资源利用率。例如，以现象级Uber为代表的打车、租车商业模式，就是借助互联网平台与技术，将传统产业与互联网相融合，开创了新型商业模式。

（四）“互联网 +”4.0 时代——“互联网 + 跨界生态网络”商业模式创新

基于互联网生产力工具理论视域下，近年来跨界商业生态网络逐渐形成。相较于“互联网+O2O产业链”商业模式创新，“互联网+”4.0时代真正开启了全社会的资源整合模式，除了传统产业链的“互联网+”发展之外，国内互联网巨头凭借着流量优势、资源优势与经验优势，推动了“连接一切，跨界融合”的全产业链生态发展。根据相关研究报告，“互联网+”的根本在于传统产业的数字化与在线化发展。在物联网、云计算与大数据等技术不断革新趋势下，移动终端设备与互联智能终端设备层出不穷，为“互联网 + 跨界生态网络”商业模式创新奠定了坚实的基础，从后端数据支持到前端数据支持，再到基础设备支撑，多个方面协同发展共同缔造了“互联网+”的新型跨界生态网络。综观互联网头部企业，目前都在向着“互联网+跨界生态网络”商业模式发展，一方面是云计算和大数据技术的对外开放，例如百度医疗云与金融云；另一方面是跨界与融合发展趋势明显，例如京东与国美，多家大型互联网巨头企业的联合，通过各种社会优质资源的整合，构建了更丰富、更健康也更庞大的新型跨界生态网络。除了互联网巨头之外，传统产业巨头也在积极转型升级，包括万达集团、联想集团与苏宁集团等纷纷通过“互联网 + 跨界生态网络”的方式，拓宽了产品线与服务体系，不断提高用户的消费体验与附加值。在多元化合作路径下，越来越多的跨界、跨产业生态网络不断发展壮大，引领着“互联网 +”商业模式创新发展。

第三节　商业模式创新的展望

一、未来商业模式的核心

分享经济有时也被称为“共享经济”或者“协同经济”。其主要特征是在不以“占有”为目的的前提下，满足人类各种社会生存需求，并主要通过互联网集聚的优势增强经济发展的韧性与活力。分享经济的出现是在全球经济不景气、后金融危机时代的大背景下产生的，但它的发展为全球健康可持续发展提供了新的思路与方向；为消除经济危机提供了可供借鉴的新经济发展模式；分享经济的健康发展在一定程度上降低和放缓了国与国之间资源冲突发生的概率和周期，甚至能将此类冲突消灭在萌芽状态。

在所谓后工业化时代，或者建立在信息经济基础上的时代，未来创新的商业模式将是在目前分享经济模式基础之上，进一步发挥消费返利商业模式思维，以互联网技术、大数据分析技术和人工智能技术为基础，以更加便捷的移动互联信息平台为技术支撑，以分享、融合人类的创新创造为目标，以微营直销、回馈产品或者利润为主要营销手段，构建起更加以人为本的、多品种、小批量定制生产、利润渐趋社会均衡化的商业模式（刘彦蕊，2017）。

二、商业模式创新发展趋势

第一，跨界融合新业态。自“互联网+”4.0 时代以来，跨界融合成为商业模式创新的新趋势，通过培养行业新生态的方式，跨界融合取得了长足发展。苹果电脑跨界手机，颠覆手机行业龙头诺基亚；腾讯以微信平台跨界通信领域，颠覆传统运营商的短信与语音服务，开创“微时代”；特斯拉进入汽车产业，互联网的跨界发展取得了杰出成果。在未来的“互联网+”时代，企业的竞争绝不仅是产品与服务的竞争，更是跨界融合的竞争。随着科技不断发展、互联网渗透率不断提升，行业间边界越来越模糊，行业与企业的跨界竞争壁垒不断降低，使得跨界竞争成为新常态。客观而言，跨界融合需要企业利用竞争优势打造新的生态，秉承共享、合作与共赢原则，完善商业生态系统，扬长避短，强化企业核心竞争力。

第二，市场配置共享经济。在经济全球化背景下，以 We Work、Airbnb 与共享单车等为代表的共享经济商业模式大热，凭借着其独特的管理模式与商业模式，颠覆了传统商业模式。从资源配置角度而言，共享经济的价值在于提高资源配置率，激活闲置资源，让参与者获取共享红利，并实现多方共赢互利的目的。以 Airbnb 为例，从 2008 年成立以来，品牌已经在全球两百个国家拥有两百万套房源，全球范围内的客户量超过 3500 万户，品牌估值已经超过 250 亿美元。在国内方面，从短租平台到出行交通工具，再从物品分享到知识技能共享等，共享经济商业模式也取得了飞速发展。根据市场调查数据，我国 2016 年共享经济市场规模高达 2 万亿元，参与人数超过 5 亿人，涉及领域包括房屋短租、生活服务、生产能力、金融、知识技能和交通出行等方面。在国内共享经济热潮下，诞生了神州租车、共享单车等新兴知名企业。

第三，“三流”融合新闭环。信息流、资金流与物流是商业模式的基本要素。其中，物流是产品与服务的表现，资金流是支付与资金运转的表现，信息流是商业信息与产品信息的互动。在“互联网+”时代的未来，利用“三流合一”打造商业闭环，将有助于推动企业的可持续发展，京东、苏宁等企业均是打造商业闭环的杰出代表。借鉴其成功的完整内部商业生态打造经验，现代企业可以从以下几个方面入手：首先是信息流的把握，要借助微博、微信等平台，充分发挥互联网工具的作用与价值，深入了解客户需求，及时、准确地采用大数据分析，为商业模式创新与产品服务创新奠定坚实的基础。其次是物流体系的构建，充分实现产品价值，提高产品附加值。在互联网时代，企业的产品信息与品牌的价值信息能够轻松通过互联网传递。为了打造商业闭环，现代企业需要秉承“线上线下结合发展”的理念，通过与物流公司、互联网公司合作，打造线上线下无缝衔接的服务体系。再次是资金流的保障，借助第三方支付渠道与金融管理部门，保障资金流的良好循环，打造商业模式的生态圈，实现对消费者行为数据的全方位了解。最后，通过“三流合一”的方式布局，线上线下构建闭环生态系统，其类型可包括以下三种：一是自上而下的商业闭环，其主要对象是互联网企业，通过向下整合资源，构建内部生态闭环。以互联网龙头企业为代表，通过补充线下实体店，收购实体线下企业的方式，进行线下布局，打造闭环生态圈。二是自下而上的商业闭环，主要以传统企业为主，通过顺应互联网时代发展趋势，寻求线下向线上的商业延伸，构建 O2O 闭环生态。例如，苏宁电器、银泰百货与万达百货等，借助互联网平台与支付体系，推动了企业的可持续发展。三是垂直一体化打造闭环，例如已经构建生态圈的乐视与小米等，通过产业链上下游积极延伸，整合了内容、平台与终端资源，构建了完整生态圈。

第四，小众市场长尾模式。所谓长尾模式，即以“款多量少”的核心理念，推动企业发展的模式。对于传统制造企业而言，借助互联网平台直接面对消费者，其优势在于降低消费者的购买成本，同时提高服务商的运作效率，有助于充分满足消费者的个性化需求。尤其是在物联网体系下、众筹模式下，通过及时了解消费者的真实需求，制造企业可以利用定制化或小众市场运作方式，降低库存成本，提高销售量。长尾模式下 C2M、C2B、C2F 最为常见，在近年来发展迅速。C2M 模式核心在于按需生产；C2B 直接连接品牌企业和消费者；C2F 则是互联网平台与工厂连接，定制个性化的网络产品。客观而言，在定制与按需生产的模式下，能够让消费者买到价格低而性价比高的产品，随着市场经济背景下消费者需求的多样化与个性化趋势，C2M、C2B、C2F 模式必然更符合市场规律，将成为未来发展的主流。现阶段，国内外已经出现诸多类似网站，开启了全新的互联网商业定制时代。个性化、小批量、多样化的小众市场长尾模式，生产销售企业利用信息化技术充分掌握了分散客户的个性化需求，打破了传统商业流通环节的信息不对称瓶颈，能够按需生产、定向销售，通过创新与创意的融合，打造企业核心竞争力（刘建刚和钱玺娇，2016）。

第七章 商业模式创新评价方法

第一节 商业模式创新评价的内涵

商业模式创新是一个复杂的系统工程，企业可以通过对商业模式中多个构成要素的调整和变革实现商业模式创新，但对企业来说，到底什么样的商业模式创新才是好的呢？如何对商业模式创新的合理性进行评价呢？从目前来看，国内外一些研究学者已经对此进行了初步尝试，但研究结论仍处于理论构建阶段，成熟的商业模式创新绩效评价体系尚未建立，有待进一步开发。就已取得的研究成果进行总结发现，商业模式创新评价体系的建立是以商业模式评价为基础的，是对商业模式评价体系的修正，着重体现对创新效应的考评，下面将对国内外商业模式创新评价研究的现状进行分析（冯雪飞，2016）。

在早期的研究中，学者们更为关注的是对商业模式的评价。从已取得的研究成果来看，对商业模式的评估总的来说可以分为事前评估（Hamel，2000；Gordijn 等，2001；Weill 和 Vitale，2001；Morris，2003）和事后评估（Afuah，2001；Dubosson-Torbay 等，2002）两种。事前评估就是通过预测商业模式的盈利性和适用性，从而判定企业实施某种商业模式后可能产生的绩效；事后评估就是分析企业在真正实施了某种商业模式以后，企业在哪些方面发生了重大改变，此时的评估方法不再是一种预测，而是对实际效果的衡量。在事前评估方面，对商业模式的评价多是借用传统的绩效评估方法，如从利润、市场份额、效率、顾客满意度以及成本等方面来衡量，只有 Gordijn 等（2001）引入了价值流动的评估方法，并编制出一种利润/效用表（Profit/Utility Sheet），通过确定价值行为、分析各参与方的价值流动以及价值创造情况来预测企业实施商业模式的愿景。事前评估的评价方法具有一定的指导意义，但该方法仅仅是一种理念，缺少有力的理论依据，同时也缺乏代表性和一般性，只能用于评价一种商业模式思路的合理性。在事后评估方面，Dubosson - Torbay 等（2002）借鉴了 Kaplan 和 Norton（1992）的平衡计分卡评价思想，建立了一套包括产品、顾客、流程、内部管理、财务、学习与成长等一系列量化指标的商业模式评价体系。这种评价方法虽然超越了 Afuah 等（2001）仅从盈利能力的角度评价商业模式的潜力，可以较为全面地反映商业模式的实施情况，但更多的是关注某一个单一要素，同时也忽略了要素与要素之间的关系分析。

近年来，国内外研究者们开始关注商业模式理论本身能为企业带来的实用意义，因此商业模式创新的评价研究逐步受到了学者们的青睐。在已有的研究中，对商业模式的创新评价多是从主观认知和实际绩效两个方面进行的，因此，对商业模式创新评价体系的创建既包含定量指标又包含定性指标。Johnson 等（2008）认为，评估商业模式创新需要考虑企业的顾客价值主张、设计要素的有效性、商业模式创新的业务发展流程以及竞争对手等多个方面。此外，Osterwalder 和 Pigneur（2013）从商业模式的整体以及构造块的角度来评价商业模式创新的效果。从整体角度出发，即是对企业的商业模式进行整体分析，并描述企业是如何战略性地在其商业模式上进行构建和运营，从而实现商业模式创新的；从构造块的角度进行评价，是指研究者们设计一组检查清单，对企业的商业模式进行 SWOT 分析，从而帮助企业从微观的角度评估每一个构造块，比较创新前后构造块的变动情况。在这里，学者们也特别指出，无论是宏观角度的商业模式分析还是微观角度的构造块分析，都是相辅相成而非分离的，商业模式创新的评估是在个体构造块和整体模式的视角间交替进行的。国内关于商业模式创新的评估研究于近几年刚刚兴起，学者李振勇（2006）认为，企业商业模式创新是否成功，“持续的盈利”是判断的唯一标准。乔为国（2009）在其著作《商业模式创新》一书中，明确建立了商业模式创新评估总框架，他指出可以从以下几个方面对商业模式创新进行评价：评估新模式要素的技术特性、对环境的动态适应性、相对其他模式的优劣性、组织可利用资源和企业的领导团队，以及企业转型变革的可行性。郭毅夫（2009）在对商业模式创新合理性进行检验时，提出要通过逻辑检验、经济检验、文化检验以及法律与伦理检验四个方面来评价商业模式的创新性。高莉莉（2010）围绕企业商业模式创新路径有效性评价指标体系展开研究，指明可以独特性、盈利性、竞争性、可操作性以及可持续性五个方面为准则，通过模糊综合评价法对企业商业模式创新进行评估。

总体来看，国内外有关商业模式创新的评价研究还处于较低层次，主要表现在两个方面。第一，从评价内容上来看，大多数研究者只是选择涉及商业模式创新表面层次的指标进行评估，如盈利性，只有少数学者将商业模式创新的评价指标设置得相对宽泛，如更多地考虑环境适应性、战略机会选择、资源合理配置等要素。事实上，商业模式创新是一个内容非常丰富的概念，对其进行评价是一个重要且复杂、有难度的过程，需要考虑多个环节、多个指标设计以及多个视角。第二，从评价方法技术上来看，目前的评估工具过于简单，多是采用简单或者定性研究方法来评估商业模式创新，如国内外学者大多借鉴平衡计分卡的方法从财务、顾客、流程以及学习与成长视角设置评价指标，而没有采用复杂或定量的研究工具，因此造成了无法形成统一评价标准的局面，降低了商业模式创新评估的科学性。

第二节　商业模式创新评价的步骤

企业竞争的环境俨然早已不复当初，各类企业纷纷抓住市场和用户需求变化，进行各种程度上的企业模式变革，一定程度上而言，商业模式竞争的趋势在加强。因此，企业商业模式创新在企业发展中起着决定性作用。随着互联网技术和商业环境的快速变迁，多种多样形式新兴的商业模式不断涌现。但是，并不是所有的商业模式创新都会有很好的效果，更不是所有企业都能在商业模式创新过程中取得胜利。因此，对于商业模式创新效果的评价显得极为必要。然而，以往学者对于商业模式评价研究成果零零碎碎，评价也并不十分客观。但是商业模式创新的评价是有规律可遵循的，并不是盲目行动。对商业模式的创新的评价，必须注意评价方法的科学性和评价指标的可选择性。总结以往研究，可知商业模式创新评价主要可以分为以下六个步骤，如图 7-1（陈思静，2018）。

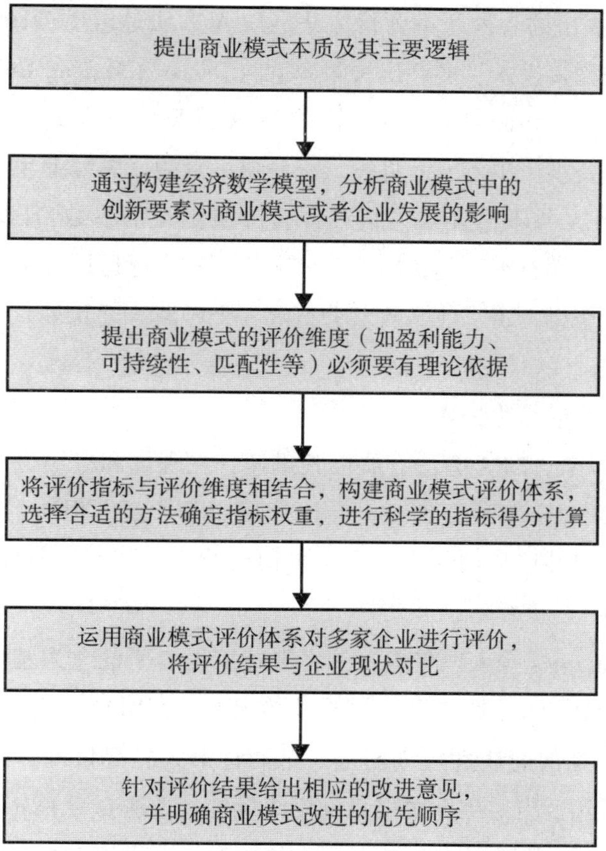

图 7-1　商业模式创新评价的主要步骤

第三节　常用的商业模型创新评价方法

商业模式创新效果的评价是企业商业模式创新研究的一个重要环节，选择合适的评价方法，建立一套科学的评价指标体系，能有效衡量商业模式创新的结果，为企业商业模式创新决策提供依据。

一、数据包络分析法

（一）数据包络分析法概述

数据包络分析法（Date Envelopment Analysis，DEA）是美国运筹学家 Charnes 等（1978）提出的一种效率评价方法。DEA 方法是以生产函数理论为基础，评价具有相同类型多投入、多产出决策单元（Decision Making Unit，DMU）相对有效性的重要方法。在面向输入或输出的 DEA 模型中，或要求投入不变而将产出尽量扩大，或要求产出不变而将投入尽量缩小来测算决策单元与有效单元之间的差距，因为 DEA 并不需要预先估计评价决策单元的参数，因此在简化算法、避免主观因素等方面有很强的优越性，该方法已被广泛运用到资源配置、技术创新、技术进步、金融投资、成本收益分析等各个领域。近几年，DEA 的研究呈现迅速上升的趋势。

（二）DEA 模型及其拓展

自 1978 年以来，DEA 方法发展极其迅速，在理论和应用上均获得了多方面的进展。尽管 DEA 模型种类繁多、应用领域十分广泛，但从目前的应用来看，国内许多应用都仅使用最初的两个最基本 DEA 模型，即 C^2R 模型和 BC^2 模型。

1. C^2R 模型

1978 年，Charnes 等人以单输入单输出的工程效率概念为基础提出了第一个 DEA 模型——C^2R 模型，它是以分式形式给出的，使用 Charnes-Cooper 变换，可以把它化为一个等价的线性规划问题。这两种形式是等价的，由于计算上的原因，人们通常采用后者。因此本书也采用线性规划方法介绍 C^2R 模型。

假设 n 个决策单元对应的输入数据和输出数据分别为：

$x_j = (x_{1j},\ x_{2j},\ \cdots,\ x_{mj})^{\mathrm{T}},\ j = 1,\ 2,\ \cdots,\ n$

$y_j = (y_{1j},\ y_{2j},\ \cdots,\ y_{mj})^{\mathrm{T}},\ j = 1,\ 2,\ \cdots,\ n$

其中，$x_j \in E^m$，$y_j \in E^s$，$x_j > 0$，$y_j > 0$，$j = 1,\ 2,\ \cdots,\ n$，则 C^2R 模型为：

$$\max u^{\mathrm{T}} y_{j0} = V_P,$$

$$(P_{C^2R})\begin{cases} \mathrm{S.\,t.}\ \omega^{\mathrm{T}} x_j - u^{\mathrm{T}} y_j \geqslant 0,\ j = 1,\ 2,\ \cdots,\ n, \\ \omega^{\mathrm{T}} x_{j0} = 1, \\ \omega \geqslant 0,\ u \geqslant 0 \end{cases}$$

因为线性规划判断 DEA 有效不太容易，所引入非阿基米德无穷小量，来判断其 DEA 有效性。令 ε 为非阿基米德无穷小量，它是一个小于任何正数且大于零的数，可以构造以下模型：

$$\min\theta - \varepsilon(\hat{e}^{\mathrm{T}} s^- + e^{\mathrm{T}} s^+) = V_{D_s},$$

$$(D_\varepsilon)\begin{cases}\text{S. t.} \sum_{j=1}^{n} x_j \lambda_j + s^+ = \theta x_{j0}, \\ \sum_{j=1}^{n} y_j \lambda_j - s^+ = y_{j0}\end{cases}$$

$$\lambda_j \geqslant 0,\ j = 1,\ 2,\ \cdots,\ n,\ s^- \geqslant 0,\ s^+ \geqslant 0,$$

$\hat{e}^{\mathrm{T}} = (1,\ 1,\ \cdots,\ 1) \in E^m$，$e^{\mathrm{T}} = (1,\ 1,\ \cdots,\ 1) \in E^s$。

设其最优解为 λ^0，s^{+0}，s^{-0}，θ^0，则有：

（1）若 $\theta^0 = 1$，则决策单元 j_0 为弱 DEA 有效（C^2R）。

（2）若 $\theta^0 = 1$，并且 $s^{+0} = 0$，$s^{-0} = 0$，则决策单元 j_0 为 DEA 有效（C^2R）。

2. BC^2 模型

1984 年，R. D. Banker 等人从公理化的模式出发给出了另一个刻画生产规模与技术有效的 DEA 模型——BC^2 模型，并证明了它与 C^2R 模型具有相同的形式。应用该模型可以评价部门间的相对技术有效性。

假设 n 个决策单元对应的输入数据和输出数据分别为：

$x_j = (x_{1j},\ x_{2j},\ \cdots,\ x_{mj})^{\mathrm{T}}$，$j = 1,\ 2,\ \cdots,\ n$

$y_j = (y_{1j},\ y_{2j},\ \cdots,\ y_{mj})^{\mathrm{T}}$，$j = 1,\ 2,\ \cdots,\ n$

其中，$x_j \in E^m$，$y_j \in E^s$，$x_j > 0$，$y_j > 0$，$j = 1,\ 2,\ \cdots,\ n$，则 BC^2 模型为

$$(P_{BC^2})\begin{cases}\max\ (u^{\mathrm{T}} y_{j0} + u_0) = V_P, \\ \text{S. t.}\ \omega^{\mathrm{T}} x_j - u^{\mathrm{T}} y_j - u_0 \geqslant 0,\ j = 1,\ 2,\ \cdots,\ n, \\ \omega^{\mathrm{T}} x_{j0} = 1, \\ \omega \geqslant 0,\ u \geqslant 0\end{cases}$$

若线性规划存在最优解为 ω^0，u^0，u_0^0 满足：

$V_P = u^{0\mathrm{T}} y_{j0} + u_0^0 = 1$，

则决策单元 j_0 为弱 DEA 有效（BC^2）。

若进而满足：

$\omega^{\mathrm{T}} > 0$，$u^0 > 0$，

则决策单元 j_0 为 DEA 有效（BC^2）。

这两个模型都是基于不同规模收益的 DEA 模型，分别描述生产活动满足规模收益不变、规模收益可变情况下的生产效率，是 DEA 方法中最基本的两个模型。在这两个模型的研究基础之上，又拓展出了不少新模型。

（1）带有权重约束的 DEA 模型。在 C^2R 模型和 BC^2 模型中，输入指标和输出指标的权重没有任何限制，而在许多评价问题中，决策者对评价指标是有所侧重的，为了反映决策者对指标的偏好，一些具有权重约束的 DEA 模型相继产生。1986 年，Charnes 等人提出了锥比率的 DEA 模型——C^2WH 模型。该模型可以通过锥比率的选取来反映人的意愿，体现决策者的偏好，因此被称为锥比率的 C^2WH 模型。由于 C^2WH 模型本身并不直观和具体，因此，针对不同的情况又许多特殊形式的模型被讨论。

（2）具有无穷多个决策单元的 C^2W 模型。在实际应用中，有时会出现无限多个决策单元的评价问题，此时原始的 DEA 模型就有了一定的局限性。针对这个问题，1986 年 Charnes、Cooper 和魏权龄等人提出了 C^2W 模型。该模型是第一个利用半无限规划理论产生的非线性 DEA 模型，并且对 C^2R 模型进行了推广，将决策单元的个数由有限多个拓展到无穷多个。

（3）综合 DEA 模型。由于许多模型不能直接进行编程计算，并且常常会出现重复工作，1988 年 Charnes 等人给出了一个综合 DEA 模型——C^2WY 模型，这一模型不仅包含了两个最基本的 DEA 模型，还包含 C^2W 模型和 C^2WH 模型。而后，马占新（1994）给出了一个综合的 DEA 模型（ZHDEA）并探讨了其求解方法。这一模型不仅包含了多种常用的 DEA 模型，还可以直接编程计算，通过确定一些参数就可获得一些常用的模型，因此给使用者带来了方便。

（4）超效率 DEA 模型。1993 年，Andersen 和 Petersen 提出了超效率 DEA 模型。该模型主要考虑被评价决策单元相对于其他单元的效率。和传统 DEA 模型相比，该模型构造的参考集不包括被评价决策单元本身，由模型获得的评价结果（称为超效率值）有可能大于 1，该模型可以对 DEA 有效决策单元给出进一步的分析。

（5）随机 DEA 模型。机会约束规划是随机规划的一种重要而实用的分支。1959 年，由 Charnes 和 Cooper 首先提出。1996 年，Huang 和 Li 在研究所有输入、输出均为随机变量时，给出了随机非支配点的概念，由此得到机会约束的 DEA 模型。2004 年，Cooper 等给出基本的机会约束的随机 DEA 模型。

此外，还有考虑随机因素的 DEA 模型、发展 DEA 模型以及动态 DEA 模型。随着 DEA 方法的不断发展，多种专用和派生的 DEA 模型相继诞生，逐渐成为系统统计分析强有力的工具之一。

（三）DEA 方法工作流程

在应用 DEA 方法进行评价时，主要分为三个主要阶段，即明确问题阶段、建模计算阶段、分析结果阶段。

1. 明确问题阶段

这一阶段需要完成的工作如下：①明确评价的目标，并分析评价对象；②确定各种因素的性质；③分析各种因素间存在的定量与定性关系；④分析决策单元的层次和结构，找出决策单元的边际；⑤定性分析并预测结果。

2. 建模计算阶段

这一阶段需要完成以下工作：①建立评价指标体系，并且设定权重约束；②确定参考集，选择具有代表性的决策单元；③整理具有可获得性的数据；④根据具体问题的背景信息与有效性分析的目的选择合适的 DEA 模型进行计算。

3. 分析结果阶段

这一阶段需要完成的工作如下：①对上一阶段得出的计算结果进行定性的评价分析；②根据分析的内容来考察评价结果的合理性，也可参考其他方法提供的信息或结合其他评价方法对结果进行综合分析，给出需要改进的建议（刘潇，2015）。DEA 方法的工作流程如图 7-2 所示。

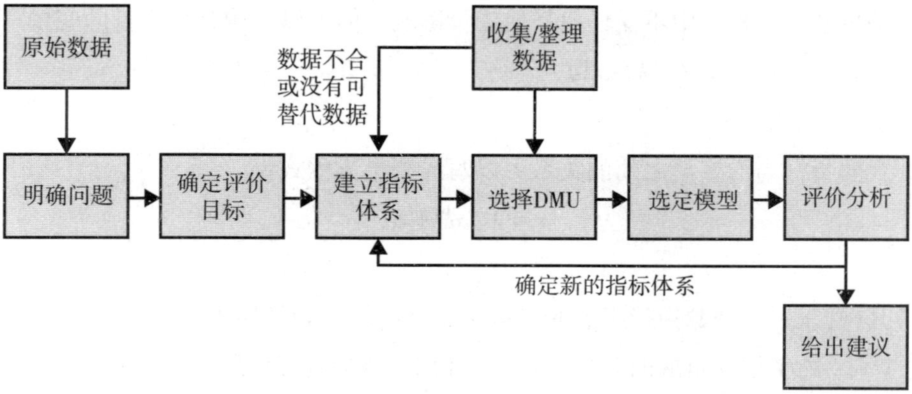

图 7-2　DEA 方法的工作流程图

二、结构方程分析法

（一）结构方程模型的定义

结构方程模型（SEM），是建立在因子分析、验证性因素分析、多元回归、方差分析等传统统计方法的基础上，基于变量的协方差矩阵来分析变量间关系的统计方法。SEM 包括结构模型、测量模型，能够处理潜变量之间或潜变量与显变量的复杂关系，在生物学、项目工程等领域得到了广泛的应用。管理学、生物学等领域研究中涉及的无法直接测量的抽象或定性变量，如商业模式创新评价中的及时性、效率性等，在 SEM 中，可以用一些观察变量间接地测量、处理和分析各变量之间的复杂关系，解决商业模式创新评价中难以主观评价的指标问题。在 SEM 中，结构模型通过路径分析检验潜变量之间的因果路径关系；测量模型通过验证性因素分析测量和检验观察变量与潜变量之间的关系。主要变量的解释如下。

观测变量：可以直接测量出来的变量，也可以称为显变量。

潜在变量：比较不易直接观测的抽象概念，必须借助显变量的测量来观察和实现测量，又称为潜变量。

内生变量：模型中会受到任何其他变量影响的变量。

外生变量：模型中不受任何其他变量影响，但可以影响其他变量的变量。

（二）结构方程模型的结构

1. 模型的测量

观察指标与潜变量之间的关系可以写成测量方程式：

$$x = \lambda\_x\zeta + \delta,$$

$$y = \lambda\_y\eta + \varepsilon$$

其中，x——外源指标组成的向量（如及时性、独特性等）；

y——内生指标组成的向量（如企业价值、顾客价值等）；

λ_x——外源指标在外源潜变量上的因子载荷矩阵；

λ_y——内生指标在内生潜变量上的因子载荷矩阵；

δ——外源指标 x 的测量误差；

ε——内生指标 y 的测量误差。

2. 结构模型

潜变量间的关系可以写成结构方程式：

$$\eta = B\eta + \Gamma\zeta + \theta$$

其中，η——内生潜在变量；

ζ——外源潜在变量；

B——内生潜在变量间的关系；

Γ——外源潜变量对内生潜变量的影响；

θ——结构方程的残差项，反映了 η 在方程中未被解释的部分。

（三）构建结构方程模型的步骤

结构方程模型的思路是构建模型、验证数据、评价结果。其主要步骤有模型的设定、识别、估计、拟合度检验、修正等。

1. 模型的设定

首先，建立原始模型，即设计一组变量之间的相互关系，然后以结构方程模型形式进行表达；其次，用路径图画出各潜变量、观察变量等之间的关系，以及表示其相互关系的各种参数。

2. 模型的识别

识别 SEM 中每一个待估计的参数是否可以通过观测变量数据得出唯一估计值。主要结果有过度识别、恰好识别、不可识别，其中仅有恰好识别和过度识别的 SEM 模型能得到参数估计并通过假设检验。

3. 模型的估计

依据观测变量间的方差、协方差等估计 SEM 中的参数。其假设为：观测变量的方差矩阵可以看作一组参数的函数，将固定、自由的参数值估计代入结构方程模型中，得出一个方差矩阵，使得矩阵的元素与样本观测变量的方差矩阵中的元素无限接近。

4. 模型拟合度检验

检查所构建的结构方程模型与样本数据的整体拟合优度。常见的拟合优度指标包括：拟合优度的卡方检验、RMSEA、CMIN/DF、GFI、AGFI、CFI、IFI 等。

5. 模型修正

可以通过增加新路径、新结构，删减某些参数等，修改其观测变量，优化和提高模型的拟合优度。进行模型调整和修正时，要从自己最清楚的参数入手，尽量或者放缓修正不清楚、不好解释的参数，且每次仅增加或删减一个参数，验证和评价新模型后再进行下一步的修正，直到模型修正满意为止。

（四）结构方程模型的特征与优点

1. 可同时处理多个因变量

与 SPSS 等分析软件不同，结构方程可同时处理多个变量。此外，路径分析和回归分析的输出结果图标中，可以展示多个因变量，以及不同变量之间的路径系数和回归系数。

2. 容许自变量和因变量含测量误差——可用多个指标对变量进行测量

结构方程分析可以容许变量含有一些测量误差，如独特性、效率性、及时性等变量。此外，同传统方法在处理潜变量之间的相关系数相比，结构方程分析得出的结果更具有合理性和科学性。

3. 可同时估计潜变量间关系、潜变量与指标间关系

分析潜变量之间的相关性时，可以同时进行两个步骤：其一，用因子分析得出潜变量的观测值，用以了解潜变量与指标之间的关系；其二，计算因子得分的相关系数，了解潜变量之间的相关性。

4. 容许更大弹性的测量模型

与传统因子分析不同的是，结构方程可以分析较为复杂的从属关系的模型，如用英语计算和书写数学试题，来测量数学能力，其测量指标既隶属于数学因子，又隶属于英语因子。

5. 能够估计整个模型的拟合程度

与传统路径分析不同的是，结构方程分析不仅可以估计出变量间的关系系数，还可以计算不同模型对同一样本数据的整体拟合优度，直观地判断出接近数据呈现的关系的结构方程模型。

三、模糊综合评价法

（一）模糊综合评价法的原理

模糊数学认为，模糊性是把事物放在普遍联系和发展中观察时所呈现的一种关于事物系统整体的特性，它是系统各个要素综合作用的结果。要使复杂的模糊性在一定范围内获得精确性，必须从整体上把握事物的系统整体和系统要素之间的各种关联，并以隶属函数为基本手段，将这种关联分解为可以用量来计算部分

质，然后进行合成运算，对事物总体上的质做出较为精确的判断。模糊综合评价法是模糊数学提供的一种解决多因素、多指标评估问题的数学模型。它将研究对象质量视为一集合，通常建立指标体系和评语体系两个子集合。指标体系是一组反映质量结构特征的隶属函数，包含着一组指标集和权重集；评语体系是一组表示研究对象质量好坏的隶属函数，包含一组评语等级和评价分数。将两组隶属函数结合起来可对研究对象做综合性评价（贺仲雄，1996）。

（二）模糊综合评价法的应用步骤

模糊综合评价法作为系统科学现有发展的最高级别，具有典型的大系统理论的特征，它是运用模糊数学的思想和方法，对现实世界中不易明确界定的事物进行综合评判的一种数学方法。模糊数学诞生于 1965 年，它的创始人是美国自动控制专家查德（L. A. Zaden）教授。40 多年来，模糊数学理论发展迅速，应用广泛。

现实生活中很多时候，对事物的评价一般只能用模糊语言来描述，例如“优、良、中、差”“大、中、小”“高、中、低”，等等。此时，如果用经典数学方法来处理，结果难免会有所偏差。但是，如果通过模糊数学方法来做适当处理的话，就能在相当大的程度上克服这一问题。模糊综合评价法是应用模糊数学中的模糊集理论对系统进行综合评判的一种方法，综合地考虑某一对象的多个因素或以多个角度着眼，对其进行恰当的总体评价，得出较为理想的评价结果，以供决策者参考。

模糊综合评判的应用范围和领域相当广泛，从最初的经济效益综合评判到后来的生活质量评判、环境质量评判、综合国力评判，再到近些年的可持续发展评判、科技创新能力评判等，可以说综合评判问题无处不在。模糊综合评判应用的意义在于使模糊现象适度精确化、定性分析定量化，为我们把握和了解模糊现象提供理论基础和实践工具，从而为解决诸多的理论问题和实际问题提供了一种实际有效的方法和手段。针对本书研究的互联网企业商业模式的价值评估问题，模糊综合评价方法可以恰当地解决一些抽象问题和定性指标的评估，从而得到企业的综合价值水平。

具体来说，模糊综合评价法的应用步骤如下。

1. 确定评判的因素集

根据评价指标体系的一级指标的性质特征，确定评价关系中因素集为：$U=$

$\{u_1, u_2, \cdots, u_i\}$，$i=1, 2, \cdots, n$，$u_i$为被考虑的因素。

2. 确定评判的评语集

评语集 $V=\{V_1, V_2, \cdots, V_j\}$，$j=1, 2, \cdots, m$，$V_j$ 为评判的结果。

3. 建立从 U 到 V 的单因素评判矩阵 R

对每个因素 U_i（$i \leqslant n$）做出单因素评价，由于有 m 种不同的评价等级（或评语），对每一因素的评价结果为评价集 V 上的模糊集，写成模糊向量为 $R_i=(r_{i1}, r_{i2}, \cdots, r_{im})$，$i=1, 2, \cdots, n$。$r_{ij}$（$0 \leqslant r_{ij} \leqslant 1$，$i=1, 2, \cdots, n$；$j=1, 2, \cdots, m$）为从因 U_i 考虑能被评为 V_j 的隶属度。上述评价结果满足归一化条件（向量的各分量之和为 1），即对每一个 i，均有：$r_{i1}+r_{i2}+\cdots+r_{im}=1$。将模糊映射 R 的全体向量排列起来得到一个单因素评价矩阵 $R=(r_{ij})$，叫作综合评价的变换矩阵，即

$$R=(r_{ij})_{mn}=(r_{21} \quad r_{22} \quad \cdots \quad r_{2m})$$

4. 确定指标权重

权重就是表示每项评价指标在指标体系中依据重要程度所占的比重。因素集中各因素对被评判事物的影响是不一致的，赋予各因素 u_i 一个权重 a_i，则因素的权重分配集 A 可以看成是因素集 U 上的一个模糊集，记为：$A=\{a_1, a_2, \cdots, a_n\}$。其要求满足归一化条件 $\sum a_i=1$，且 $0<a_i<1$。

5. 做出评判结果

用指标权重向量与单因素评判矩阵 R 相乘得出评判结果：$B=A \cdot R=\{b_1, b_2, \cdots, b_m\}$。

6. 得出评判结论

对 B 集做归一化处理，即用 B 集中各分量之和去除 B 集中的各个分量。第 j 个评价等级 V_j 对 R 的隶属度为在综合评价结果中所占的份额。根据最大隶属度原则，用 B 中隶属度最大者所对应的那个评判等级作为评判对象的等级，即为综合评判的结论。

通过对因素集的层次划分，可以将上述模型扩展为多层次模糊评判模型。就是将初始模型应用在多层次因素上，第一层的评价结果是上层评价的输入，直到最上层为止（谢蓬，2009）。

四、六维平衡计分卡

（一）平衡计分卡的发展

从商业模式评价现有研究来看，多是借用传统的绩效评估方法，如从销售额、利润、市场份额、专利数量、创新性、客户满意度、创新成本等来衡量（王鑫鑫和王宗军，2009）。国外学者 Hamel（2000）从财富潜力的角度对商业模式进行评估，具体可以从效率、独特性、匹配性和盈利性四个方面来评价商业模式。Gordijn 等（2001）认为，评估商业模式的关键在于分析不同参与主体之间价值流动的情况。因此，他们编制了一种利润/效用表，作为评估商业模式的工具。Afuah 等（2001）也是从盈利能力的角度来评价商业模式的潜力的。李振勇（2006）认为，一个企业的商业模式是不是成功的商业模式，判断的唯一标准就是盈利，持续的盈利。也有人试着使其评估更为全面，认为商业模式创新是由运营方式和战略选择这两个方面决定的，于是借鉴平衡计分卡这个工具，构建商业模式的平衡计分卡评价指标体系，这个体系包括商业模式战略目标、商业模式的运营效率、产品和服务客户价值以及商业模式财务价值等具有驱动关系的四大指标体系组成。

平衡计分卡于 1992 年由 Kaplan 与 Norton 提出，它综合了财务指标和非财务指标，以企业的远景和目标为核心，分别从财务、客户、内部业务流程以及学习与成长四个层面，对企业的经营业绩和竞争状况进行综合、全面和系统的评价（许启豪，2010；于喜展和隋映辉，2009；Tayler，2010）。但传统平衡计分卡强调企业内部与外部客户的平衡，没有包括其他主体。而实际上，商业模式中不仅包括企业和客户，供应商、联盟伙伴、竞争者等利益相关者和企业商业模式也有着密切的关系，甚至在企业商业模式中扮演着非常重要的角色。部分学者从这一视角进行了研究，比较具有代表性的有刘卫星和丁信伟（2010），他们从商业模式的定义和构成入手，建立了基于六维平衡计分卡的商业模式评价体系。

（二）六维平衡计分卡模型

根据商业模式的构成要素，伙伴层面、内部流程层面和客户层面是企业基本经营活动的核心层面，其对商业模式影响较大，因此将这三个层面作为评价层面。平台层面和顶板层面涉及商业模式的社会环境，也会间接影响商业模式的结构，所以将这两个层面归结为社会层面。这四个层面和学习与成长层面、财务层面共同构成了商业模式的六维评价层面，如图 7-3 所示（Budde，2007；郑培，2008）。

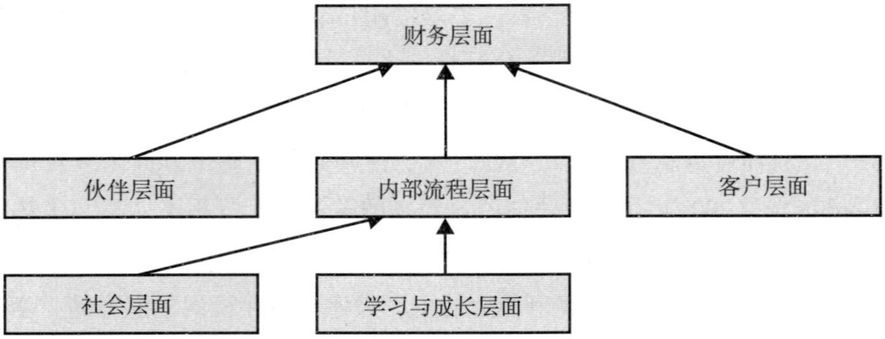

图 7-3　六维平衡计分卡模型

伙伴层面评价的对象包括：供应商、联盟伙伴、债权人以及专业咨询机构等技术知识的商业性提供商等，也就是主要生产要素的提供方。社会层面评价的对象包括：国家的宏观政策、法律法规、产业环境、市场竞争状况、竞争对手等。伙伴层面、社会层面、内部流程层面和客户层面构成了客户价值的实现过程，在由左向右的变化过程中，伙伴利益、社会利益、企业利益和客户利益都得到了实现。社会层面、学习与成长层面、内部流程层面和财务层面构成了企业的盈利模式，在由下至上的变化过程中，企业核心能力增强，实现持续发展。因此，六维平衡计分卡的评价层面体现了商业模式的定义和要素构成，能够反映商业模式的动态演化过程，使用六维平衡计分卡能更全面反映商业模式的实际。应用六维平衡计分卡，确定各层面评价指标的考察内容，最终构建一套科学、合理的商业模式创新评价指标体系。

五、突变级数评价法

（一）理论基础

突变理论（Catastrophe Theory）广泛应用于自然科学的研究中，该理论将社会和自然系统的运动状态分为稳定态和非稳定态，而非线性系统是通过突变形式从某一稳定态跃迁至另一个稳定态。其主要以拓扑动力学、奇点理论等为实现工具，被称为“微积分后的一大革命”（吴宁宁，2017）。突变级数评价法由突变理论进化而来，是将突变理论和模糊数学相结合的产物，首先通过构造出突变模糊隶属函数，而后再用归一公式综合量化计算，层层归一，最终形成一个参数的综合评价方法（余敏和朱兆珍，2017）。熵的含义是对信息不确定性的一种衡量。在信息论中，信息含量与信息不确定性呈反向变动关系，而信息不确定性与熵值呈正向变动关系，故而信息含量与熵值呈现出反向变化关系。因此，可以根据这一变动特点，采用熵值来衡量指标信息的离散程度，从而判断该指标对评价结果的影响程度，根据各项指标的变异情况，采用信息熵则可计算出各指标的权重。通过将熵权法与突变级数法相结合，减少突变级数法在指标相对重要性排序问题上的随意性，从而大大提高突变级数评价法的科学性（甄俊杰和孙慧，2021）。

（二）模型构建

基于熵权—突变级数法的商业模式创新评价模型构建主要分以下四个步骤（田红娜等，2019）。

（1）确定评价指标体系。指标体系的选取可以根据现有研究结论选取。

（2）指标的无量纲化处理。不同指标的单位往往不同，对数据进行无量纲化处理可以增加不同指标的可通度性。对于不同评价类型而言，应依据所得数据的特点选择适宜的无量纲化方法。

（3）熵权法确定指标相对重要性。

第一，计算指标 X_{ij} 的比重 P_{ij}。

$P_{ij} = X_{ij}/\sum_{i=1}^{m} X_{ij}$，其中，$i = 1$，…，$m$，$j = 1$，…，$n$。

第二，求第 j 项指标的熵值 e_j。

$e_j = -K\sum_{i=1}^{m} P_{ij}\ln(P_{ij})$，其中，$K=1/\ln m$，$i=1$，…，$m$，$j=1$，…，$n$。

第三，计算第 j 项指标的差异性系数 h_j。

$h_j = 1 - e_j$

第四，计算第 j 项指标的权重 W_j。

$W_j = d_j/\sum_{j=1}^{n} d_j$

（4）对突变级数法进行评价。

第二部分

实务（案例）篇

第八章　华为商业模式创新分析

第一节　华为商业模式分析

一、华为简介

华为技术有限公司（以下简称华为）成立于1987年，总部位于广东省深圳市，其作为民营性质的通信科技公司现如今成为我国通信行业的龙头企业，更凭借不断累计提升的营业额成为国际科技行业巨头。华为成立至今，将科研作为核心竞争力不断发展，跟随时代步伐，不断调整商业模式，优化商业模式，创新商业模式，实现公司的可持续发展以及全球化经营的宏伟目标。目前，华为在国际市场上取得了多项成绩，更成为全球最大的电信基站与通信提供商，其生产的通信电子设备畅销海内外，产品以及服务已经做到全球化。

二、华为商业创新演化机制

华为多年来发展一直从市场出发，采取“农村包围城市”的市场战略，积极了解客户需求，通过多渠道获取信息，以此为基础不断调整商业模式，适应市场变化以及客户日益复杂的需求，实现企业经济效益的增长和长效发展。通过了解，华为在循环经济、生态经济、绿色经济的背景下，通过新形态“用户经济”和生态系连接的“系统经济”这两种发展创新的商业模式，更好地解决了客户在实际生活中的相关问题，提升客户满意度，更好地树立品牌，提高经济效益。

（一）产品销售+免费软件

简单来说就是B2C产品数据智能。华为在销售产品的同时，为其电子产品提供多个免费软件，提高产品附加值，提升客户体验感。具有代表性的软件之一就是华为荣耀体脂秤 App，这款 App 通过华为产品内部先进模块，可以让用户站在产品上通过 App 内数据判断用户年龄范围、体重以及体脂含量，还可以存储用户本人及家人数据。

（二）数据硬件+云服务

通俗来讲就是 B2C 数据租售服务提供模式。华为作为通信设备公司，大量生产、出售 ICT 产品。随着科技的进步，“云端”应用到越来越多的领域，华为根据时代潮流，将“云服务”纳入其服务体系当中，让客户有更好的消费及产品体验，进一步加强客户黏性。譬如华为的忠实客户——上港集团，该集团从成立开始就使用华为生产的设备，华为提供了云服务后，为其设计了集团自己的港口箱货移动查询平台“港航纵横”，该平台的主要功能就是 24 小时动态监测箱货状态及其变化，发生任何突发状况都可以及时通知使用者，高效地解决使用中的问题。华为更为其组建专门的云团队维护该平台的正常运营。平台上云之后，大大缩短了业务上线周期，节约了成本，并且云服务可以根据企业的发展不断扩充业务内容。

（三）按需计费方式实现新价值

华为已经在数据渠道、数据采集提取方面不断创新，再结合当下先进的大数据处理技术，不断创新商业模式。从价值传递方式以及收益模式来看，目前从过去的“一刀切”，转变为更加灵活、更受客户喜欢的“按需支付”。

华为采用根据客户需求灵活收费的方式，转变了传统的产品统一定价的方式，客户根据自己实际使用量进行付费，不仅可以更高效地利用资源，还可以减少投入成本，减少部分基础设施的支出；华为方面也可以减小经营租赁的支出，在一定程度上节约成本，获得了更大的利润空间。华为通过先进的大数据处理技术，将用户信息更好地采集提取，并根据客户需求更精准地制定产品、推送产品，实现企业的资源优化配置。

（四）与第三方合作提供多种线上服务

华为不断扩展业务渠道、开展合作，同时不断研发，为更多的客户提供优质的产品和服务。以华为与多家物联网服务公司的合作为例，已经向多个地区的用户提供智能水表和电表，实现用户足不出户线上充值等，让用户体验感更好。与此同时，华为顺应时代潮流，在消防方面也提供贴心的安全服务，为合作公司下属的用户安装智能煤气警报装置，并对警报装置采集到的用户数据进行汇总分析，实现 24 小时动态检测，从而更好地展开消防安全工作。

（五）跨界开创新生态

华为以先进的技术作为核心竞争力，通过技术的不断研发创新保持市场中的竞争优势，现如今更结合了创新的商业模式实现企业的可持续发展。目前，华为不仅生产 ICT 产品、传递信息数据，还将产业涉及家居领域，运用先进的技术手段，实现日常生活的云管理以及家电语音智能管理，让生活变得更加舒适便捷。在此基础上，华为还推出了更多的智能穿戴产品，如 Talk Band B1。华为在不断的研发过程中，将产品覆盖到更多的领域，实现跨界经营。

第二节　鸿蒙系统商业模式创新分析

成功的商业模式是决定操作系统能否持续迭代发展、满足用户个性化需求的关键。在操作系统巨头高度垄断的今天，一个新的操作系统能否在商业上获得成功，不仅取决于产品本身，还取决于基于该操作系统的商业模式是否足以支撑该系统形成的产业生态持续发展。华为集团推出了鸿蒙操作系统，对于华为来说，这是一个全新商业模式的构建，下面将以鸿蒙系统为例，来探讨华为集团商业模式的创新。

一、领先的系统开发商商业模式分析

（一）微软的 Windows 系统

Windows 系统主要依托软件许可证授权获得收入。首先，通过面向个人、企业及电脑生产厂商出售 Windows 系统许可证获利。其次，通过微软 Microsoft Office 应用程序获取收入，在其新计算机和笔记本电脑中都预装了 Microsoft Office 应用程序，但个性化功能则需购买，比如系统会提醒订阅 Office 365 等收费项，为微软公司贡献收入。最后，与第三方合作分成。

（二）谷歌的 Android 系统

Android 系统主要是“广告+应用”分成收费模式。Android 系统开放免费许可证，但随着越来越多硬件厂商、内容厂商的接入，沉淀了用户数据，可以通过精准广告推送获取利润，同时也从 Google Play 应用商店出售的内容和应用程序中抽取提成赚取收入。

（三）苹果 iOS 系统

iOS 系统主要是“硬件+软件”全方案运营收费，苹果的硬件、操作软件和 iTunes、App Store 等渠道平台只适用于苹果自身业务，对外界的厂商实行技术封闭。外部应用入驻苹果商城 App Store，苹果也是从应用商出售的内容和应用程序中抽取提成赚取收入。

二、鸿蒙系统商业模式探讨

相较于 Windows、Android、iOS 等系统，一方面，鸿蒙系统起步晚，成熟的硬件如电脑、智能手机等已经被巨头瓜分得差不多了，用户、设备基数较小，难以形成成熟的商业模式。另一方面，华为已将鸿蒙系统的基础能力全部捐献给了开放原子开源基金会，整合其他参与者的贡献，形成 Open Harmony 开源项目，各个厂商可以从开放原子基金会拿回代码，再叠加自己的产品特性做产品。这就意味着放弃了传统的贩卖许可证模式。因此，鸿蒙系统应建立有别于 Windows、Android、iOS 等系统的商业模式。

（一）立足智慧家庭，寻求智能家居许可接入模式

目前，家庭智能设备主要依托 Android 系统，各厂商承载自身连接协议实现设备管理，如中国电信 E-link、中国移动 Andlink、海尔 U-HOME、美的 M-Smart 等，各厂家协议不互联互通，仅支持各自厂家的设备管理功能。对用户而言，智能家居缺乏一个“中枢神经”对设备统一管控，影响体验感知。而鸿蒙系统的推出，可以很好地解决智能家居“互联互通难”的痛点，若鸿蒙能实现跨协议、跨厂商、跨品牌智能家居设备统一管控，将有助于鸿蒙系统提升设备接入量，依托规模智能设备基础探索智能家居认证接入许可收费模式，并借此形成良性循环的生态系统。

（二）聚焦家庭内容应用需求，探索家庭应用分成模式

随着全千兆、5G 业务的推广，用户对智能电视的应用需求如居家教育、广场舞、大屏游戏等越来越旺盛。目前，手机已有成熟的应用商城，但智能电视由于各厂商系统的差异性，并未形成良好的应用商城商业模式。随着华为鸿蒙系统的推出，可进一步挖掘智能电视应用生态，依托鸿蒙系统打造统一的应用商城，一方面有助于满足用户多场景的大屏应用需求，另一方面面向应用提供商打造“统一接入、收入分成”的商业模式。

（三）涉足智能汽车领域，面向汽车厂商实现“后向收入”模式

相较于传统汽车而言，新能源汽车偏向“智能化”。小米、百度、360 等科技巨头纷纷开始造车，而华为则基于鸿蒙系统形成了面向车企的软硬件服务后向收入模式。主要是基于鸿蒙系统分布式能力，打通汽车产业链上下游如汽车厂商、汽车零配件商之间的“智能化”连接。如华为推出的基于鸿蒙操作系统的智能座舱操作系统实现了智能手机与智能座舱之间的关联操作，让驾驶舱更加智能，满足用户智能驾驶体验需求。

（四）依托系统集成云服务，探索云服务创收模式

通过鸿蒙操作系统（或开发工具）中的集成云服务获得收入。一方面，面向传统硬件厂商提供“操作系统+云服务”模式，免费的鸿蒙操作系统满足了硬件厂商软件开发的基础能力需求，同时集成云服务满足了硬件厂商云服务需求，通过云存储、云服务器、云数据库等带来收入。另一方面，面向个人用户，基于鸿蒙的智能设备提供“免费+收费”的云盘服务，为用户提供一定量的如 5G 免费云盘空间满足个人用户相册、视频、游戏等存储需求。若用户免费空间不足，则需付费购买更多的云盘空间，用户对云空间的需求将为其带来可观的收入。

第九章 海尔商业模式创新分析

第一节 企业概况

海尔集团创立于1984年，主要从事空调器、电冰箱、洗碗机、燃气灶、洗衣机、热水器等家电及相关产品生产经营和研发，另外还包括商业流通业务。海尔集团始终坚持“人的价值第一”的发展主线，提出“人单合一”的经营模式。海尔集团以用户体验为中心，紧跟时代步伐，目前已成为物联网生态系统的引领者。2018年，海尔集团在全球的营业额达2661亿元，同比增长10%；生态收入151亿元，同比增长75%；利税总额达到331亿元，同比增长10%。海尔在全世界范围内成立了10所研发中心、122个制造中心、25个工业园，孵化上市公司4家，独角兽企业2家，准独角兽及瞪羚企业12家，拥有包括智能家电、服务、文化创意等行业的知名品牌11个。

海尔蝉联欧睿国际世界家电第一品牌10年，海尔智家入围《财富》世界500强；COSMOPlat品牌，在我国工业和信息化部双跨工业互联网平台排名中居于榜首。2020年6月30日，海尔作为全球唯一物联网生态品牌蝉联2020年BrandZ最具价值全球品牌百强，排名较上年提升了21位，品牌价值大幅提升；同时获得BrandZ授予的全球第一个“物联网生态品牌”奖，旨在表彰海尔在全球品牌进化方面的标杆引领。物联网时代，海尔生态品牌和海尔人单合一模式正在实现全球引领。

在当今互联网迅速发展的时代，企业商业模式创新已成为企业提升竞争力的重要途径。互联网的迅猛发展对长期以来形成的传统运作模式进行了颠覆性变革，对企业商业模式创新产生了重大影响，催生了一系列新的商业模式。海尔作为传统制造业企业，商业模式创新主要依靠互联网平台带动企业发展，下面将基于互联网环境对海尔商业模式创新进行分析。

第二节　基于互联网的海尔商业模式创新分析

近十多年，海尔顺应互联网发展的潮流，积极探索符合互联网时代特征的新型商业模式，在经历了名牌战略、多元化战略、国际化战略、全球化品牌战略阶段后，于2012年进入网络化战略阶段。虽然海尔2012年才提出实施网络化战略，但是海尔对于基于互联网环境的商业模式创新探索已经进行了十余年，早在2000年海尔就启动了电子商务工程，分别搭建了面向供应商和个人消费者的B2B与B2C平台，成立了电子商务物流服务商日日顺平台，2002年正式开通了网上商城。经过数年的实践，B2C平台形成了由天猫旗舰店、美乐家具网、海尔商城等构成的大型平台系统。日日顺发展成为海尔集团旗下的综合服务品牌，成为互联网时代开放的引领平台，旗下有物流、健康、乐家等产业平台。在多年的发展历程中，海尔在企业战略、组织构架、员工、用户、薪酬和管理等方面进行了模式创新探索，大胆的创新实践使其迅速成长为全球最大的家用电器制造商之一。2017年，海尔集团全球营业额实现2419亿元。世界权威市场调查机构欧睿国际发布的2017年全球大型家用电器调查数据显示，海尔大型家用电器以10.6%的品牌零售份额连续九年超其他品牌。海尔之所以取得如此巨大成就是通过长期商业模式创新实现的，商业模式创新成为海尔提高核心竞争力和快速发展的强大动力与保障。

一、重构“人单合一”商业模式创新

海尔2005年9月正式提出“人单合一双赢”模式，目前已经升级到“人单合一2.0——共创共赢生态圈模式”。“人”即具有两创精神的员工；“单”不是狭义的订单，而是用户资源；“人单合一”即让员工与用户融为一体，员工在为用户创造价值的同时实现自身价值，企业价值自然得到体现；“共创共赢”，是海尔把利益相关方，主要包括员工、用户、股东、分供方、合作方共同组成网络化的组织，形成一个个利益共同体，实现利益相关方共创共赢共享。“人单合一共创共赢生态圈模式”颠覆了传统“金字塔”形的多层级组织结构，去掉传统的中间管理层，变多层级的科层制为网状组织，让员工直接面对用户，员工从企业

的雇用者、执行者转变为创业者、动态合伙人，以适应互联网时代以用户为中心的需求。

人单合一双赢的本质是：自己创造用户，自己分享增值。通俗地说，就是在市场发生变化的情况下，员工可以根据自己的判断进行决策，并且自己收入的多少可以与为用户创造的价值挂钩。“人单合一共创共赢生态圈模式”搭建了每个员工都有机会成为创客和组建小微公司的平台，形成了机会公平、结果公平的机制，极大地激发了员工的创新力。经营模式的重构颠覆了海尔原来自成体系的封闭系统，转变为互联网中的开放节点，各种资源互联互通，建立了企业、员工、用户之间新的生产关系，使得海尔突破了传统商业模式的束缚，从传统制造企业转型为互联网时代的企业，实现了利益相关方的共赢。

二、依托差异化经营探索新型商业模式

在互联网时代，海尔对商业模式的创新是基于对用户需求转变的精准把握，即对用户洞察能力的提升。海尔通过对目标用户群进行细分，根据用户的生活方式及对价格、服务的要求不同，以用户价值最大化来制定相应的差异化经营策略，开发出差异化、个性化产品，从而达到聚焦企业的核心优势，快速占领市场的目的。如海尔曾对伦敦、纽约、东京、上海等 12 个城市的众多用户进行了消费调查研究，结果显示用户在很多行业和市场都呈现出高端化的发展趋势，高端用户正在迅速发展成为独特的阶层。海尔精准把握住这一趋势，采用高端切入策略，开发了国际高端家电品牌卡萨帝（卡萨帝现已有 9 大品类、39 大系列、380 余个型号的产品），将高端用户作为目标顾客，吸引其成为卡萨帝产品的使用者。这种高端切入的营销策略帮助海尔迅速打开国际高端市场，增强了海尔的品牌知名度。又如海尔针对互联网时代成长起来的“80 后”“90 后”用户推出定制家电品牌“统帅”系列，成为“轻时尚家电开创者”。统帅电器的“轻时尚”，让家电化繁为简，把简单做到极致，认真细致地照顾到年轻用户的生活需要，从而满足了用户个性化和自我实现的需求，成为受年轻用户欢迎的定制家电品牌，同时海尔也开创了家用电器个性化定制的生产时代。

三、利用平台建设驱动商业模式创新

平台商业模式作为商业模式的一种形式，是企业利用“平台”赚取利润的方

式。Robinson 认为，平台商业模式是利用信息创造价值，并在供应链上与行业内企业进行交易、共享信息，在运营和战略方面开展互惠合作的经营模式。张小宁认为，双边市场交易理论是平台模式的源头，在双边市场可以形成完整的用户群体网络，进而建立起双边市场交易基础架构和规则的产品与服务媒介，就是平台。

平台商业模式在不同行业得到广泛的应用，而因为不同行业特点和内在机制差异较大，不同企业的商业模式也存在差异，难以一概而论。尽管如此，平台企业也存在共性，即对互联网的依赖。互联网为平台模式赋予了独特的时空特征——消费、生产环节的时间无限性与空间无约束，且通过虚拟与实体空间的联通才能完成价值创造。

海尔结合互联网发展趋势，搭建互联网开放创新平台，聚集利用各类创新要素和制造资源，实现了制造资源与其他资源的高效对接和优化配置，驱动了商业模式创新。一是通过平台建设充分挖掘内外部创新潜力，整合创新资源。如海尔通过建设开放式创新平台 HOPE，不仅促进了企业 8 万多名员工创业创新潜力的释放，推动了企业组织结构与管理机制的创新发展，还整合了 10 多万家的创新资源，实现了以海尔自身资源牵引各类创新创业要素的聚集、开放、融合和共享。二是海尔积极推进平台化发展，创新多渠道服务模式。2012 年，海尔与天猫合作共同打造海尔天猫旗舰店；2016 年推出了“U+”智能家居物联网平台，“U+”是一个开放的平台，用户通过“U+”可以直接参与到家电产品的设计、定制中，包括产品在配送与安装中的各个环节，用户都可以与海尔无缝对接。这些平台不仅为用户提供了优质、齐全的商品系列展示、良好的线上线下一体化全程购物体验，还直接沟通了生产、消费、物流、支付、售后等从生产到服务的链条，实现了制造与服务融合，促进了海尔商业模式的迅速转型。

四、电商平台合作的线上线下双轨发展

海尔通过官网以及京东等电商平台发布自己产品的详细参数，为用户提供多种选择，同时加强物流网络建设，在线下建设多个智能仓库，保证产品供给的充足和效率。此外，自建物流品牌日日顺与电商平台加深合作，在帮助电商客户减少寄存产品的同时，也增加了自身盈利，抢占了大件家电商品物流的市场份额，形成了线上出售、线下配送的运营模式。

第十章　星巴克商业模式创新分析

第一节　星巴克概况和简要发展历程

星巴克成立于1971年，是全球最大的连锁咖啡企业，总部位于美国华盛顿州西雅图市，是世界500强企业，1992年登陆纳斯达克，三年后进军国际市场。1999年1月11日，星巴克在中国上海开设第一家门店。截至2019年年底，全球共有31795家星巴克门店，同比增长6%，美国本土星巴克门店数量占全球数量的50%，中国有位居全球数量第二多的星巴克门店，占全球门店数量的12%。自上市以来，星巴克的股价攀升了22倍，收益超过了很多大型工业企业和IT巨头，例如通用电气、微软和IBM等。

为了加强对门店的管理，星巴克在中国也逐步收回经营权。2017年7月，星巴克以13亿美元收购星巴克在华东市场合资企业（上海统一星巴克咖啡有限公司）的50%股份，由此取得了包括江苏、浙江和上海在内的华东市场共约1300家门店的100%所有权，实现中国大陆所有门店的直营。截至2019年12月29日，星巴克实现全球营业收入70.97亿美元，同比增长7%，符合市场预期，并实现净利润8.85亿美元，同比增长16.4%，净利率为12.5%。2019年，全球营业收入高达265亿美金，同比增长7.2%。其中，中国的营业收入增长5%，单价上涨贡献了3%的增长率，2%则由交易量增长带来。2019年，星巴克在中国净增超过600家门店，总门店数突破了4000家且均为公司直营。根据计划，星巴克门店将在中国扩张至230个城市，至2022财年在中国大陆经营6000家门店。星巴克属于具备规模效应的企业，当下处于成熟阶段的扩张模式，除少量新开门店，原有门店都贡献了利润。

第二节 星巴克商业模式体系及其基本特征

一、星巴克的商业模式体系

纵观星巴克的发展史，并非一帆风顺，现有成功稳定的商业模式的形成也非一蹴而就的，而是充满了坎坷和挫折，有在面对困难时的汲取经验、及时纠错，也有在面对阻碍时的迎难而上、奋力前行。作为行业领头羊，虽然接受着后来者不断的挑战，但星巴克却始终保有持续的战斗力，并审时度势地进行变革。在世界上不同国家和地区被认可后迅速进行扩张，步伐扎实稳健，逐渐成长为现制咖啡行业的巨头企业。新时代新背景，面对咖啡市场和茶饮市场上不断涌现的挑战者，星巴克依旧维持着善于解决问题的作风和稳扎稳打的风格。在全球市场瞬息万变的新时期，热钱、移动互联网、流量、新营销等多种因素涌入咖啡和现制饮品市场，星巴克也在不断探寻改变并完善自己的商业模式，应对竞争。

星巴克的商业模式的形成进化都伴随着时代因素的巨大影响，星巴克产生于咖啡消费培养阶段，其商业模式是对传统商业模式的进化，它售卖的不仅仅是一杯咖啡，还是一杯咖啡带来的体验和文化，是一杯场景内的咖啡。星巴克首先以其优质的产品质量塑造明星产品，吸引消费者，它的以体验式消费和咖啡文化赋能为重心的商业模式是其成功的关键因素。其次，星巴克在员工管理激励、门店管理上机制优质，注重细节把控。最后，通过“第三空间”等理念塑造咖啡文化，提升品牌价值，增加附加值。其对于品牌价值的塑造经验丰富，深耕一线及核心区域，懂得利用自身的优势选取合适的扩张模式，并且运用各种契合品牌形象和价值的营销方式、定制活动等不断强化自身品牌价值。

二、星巴克的商业模式画布

星巴克通过沉浸式体验赋予咖啡更多的内涵，以建立消费者的文化认同、情感联系和品牌忠诚。星巴克的商业模式画布以品质咖啡消费的客户细分为起点，以咖啡作为载体，提出体验式消费、“第三空间”的价值主张。它以直营店作为渠道通路，利用咖啡师等核心资源，通过场景体验和会员制度维系客户关系，主要收入来源来自门店收入和星礼卡等的销售。表 10-1 是利用商业模式画布对星巴克商业模式进行的分析（陈小磊，2020）。

表 10-1 星巴克商业模式画布

<table>
<tr><td rowspan="2">重要伙伴：
众多供应商</td><td>关键业务：
烘焙业务
供应链管理
人员培训</td><td rowspan="2">价值主张：
体验式消费
第三空间</td><td>客户关系：
星会员
场景体验</td><td rowspan="2">客户细分：
品质咖啡消费者</td></tr>
<tr><td>核心资源：
咖啡师
门店经理</td><td>渠道通路：
直营店
啡快店</td></tr>
<tr><td colspan="3">成本结构：
人力　门店</td><td colspan="2">收入来源：
门店收入　星享卡　星礼卡</td></tr>
</table>

三、星巴克商业模式的基本特征

（一）倡导“第三空间”

星巴克在逐渐做大的进程中，形成了独特的竞争力，就是独立于办公环境和家庭背景下的“第三空间”。现代人的工作压力和家庭负担巨大，一个轻松自在的社交环境是人们暂时脱离现实压力的必然需求，星巴克抓住了将咖啡厅转化成社交空间的契机，于是星巴克将门店设计直接指向为营造一个“第三空间”的氛围而服务，并逐步打造具有明显星巴克特征的社区文化。从此，星巴克成为消费者最愿意光顾的场所之一，一杯咖啡承载了更多属性，在全世界的星巴克门店，学习、办公、社交甚至小型的会议都在这个“第三空间”进行着。

（二）坚持极品咖啡

星巴克坚持选用世界上顶级的咖啡豆，以保证每一杯咖啡的品质，升华口感，提升体验。从印度尼西亚、东非、拉丁美洲到东南亚，星巴克的采购团队与盛产优质咖啡豆的国家和地区的咖啡种植者、供应商都保持着长期稳定的合作关系。星巴克会定期地对其供应商的产量、储存条件、供货时间等做频繁的战略业务评估，同时对咖啡豆的运输、烘焙、配制、配料、滤除都有极其严格的标准。星巴克还有一个素质过硬的咖啡师队伍，各地最好的咖啡师几乎都被星巴克招至麾下。

（三）打造情感环境

星巴克在选址时不仅要考虑商圈的成熟度和稳定度，更重要的是依据各地区的特色，考虑其能否打造与当地文化相契合且不失独特的体验情境，这是星巴克选址的首要选择。在中国，每一家星巴克店面的设计都是在美国总部的设计室里完成的。设计室的设计师和艺术家，在设计每个门店时，都会把店址内景和周遭环境拍下来，再将照片传到美国总部，然后由设计室依据当地选定商圈的特色，思索如何把星巴克的元素融入其中。因此，星巴克的每一家店，在品牌形象统一的基础上，又不掩盖其个性特色的展示。这与麦当劳、肯德基等连锁品牌强调所有门店视觉识别系统的高度统一截然不同。在设计施工上，星巴克要保留每栋原始建筑物的自有风格，并让品牌元素融合到原来的建筑物中去，不做任何破坏性的处理。

第三节 星巴克商业模式创新点分析

一、新经济时代的商业模式创新

新经济时代的消费者特征、需求以及竞争环境都发生了巨大变化。消费者的需求变得更加个性化、多样化、服务化、休闲化与体验化；消费者的消费观也由关注价格、质量、服务的理性消费演变为关注设计、品牌与功能的感性消费。随着消费阶段和社会发展水平的提升，消费者更注重情感消费，即关注对舒适性、美感、活力等的满意度，这也是星巴克相信价格不再是吸引消费者的关键因素的主要原因。竞争环境也发生了战略性转变，表现为行业边界的消除、工业企业与服务企业差距的缩小、计算机的广泛应用以及全球市场的视角，竞争的焦点由传统的成本、质量、服务转变为创新、信息、标准和速度，竞争方式更趋于竞争与合作……新经济时代的到来使得企业不得不寻找更适用的获利方式——创新商业模式。

二、星巴克独特的商业模式创新

星巴克公司的使命宣言是：将星巴克建成全球极品咖啡的翘楚，并在公司不断成长的过程中，坚持自己一贯的业务原则。其业务原则包括：①提供完善的工作环境，创造相互尊重、相互信任的工作氛围；②将多样化作为经营的重要原则；③在咖啡产品的购入、烘焙及保鲜运送过程中采取最高的质量标准；④随时随地用热情的服务使顾客满意；⑤积极回馈社区和环境；⑥利润的增长是公司不断发展的动力。

总结星巴克的商业模式创新主要体现在以下几个方面。

（一）开辟蓝海——“第三空间”

“第三空间”的创想来自1983年霍华德·舒尔茨的一次意大利之旅，他为咖啡馆在意大利生活中所处的中心位置深感震惊，随后为星巴克构思了相似的概念。在他的设想中，一个公司应该成为客户生活的一部分，成为他们每天除家和办公室之外的“第三个去处”，他们可以在一个安全的场所放松下来，还能享受到一种社区的感觉。1987年，他斥资400万美元重组星巴克，并同时开启了缔造奇迹的历程。星巴克运用“第三个去处”的概念，致力于把咖啡这个世界上最古老的商品变成一个与众不同的、恒久的、承载价值的品牌。为了营造良好的氛围，星巴克的经营者努力将店面打造为生活中的“第三空间”，即除了工作单位和家庭之外的第三个经常要去的地方，一个可以让人休息、阅读、思考、写作甚至发呆的地方。在星巴克，顾客只需点一杯咖啡就能从进门一直待到打烊，其间不会有其他人打扰。

由于星巴克的位置总是在最便利和繁华的街道，加上其优越和温馨的环境以及富有小资情调的文化，它已经成为众多白领的“第三生活空间”，白领们把星巴克当作休闲和洽谈的最佳去处。在小资圈中，曾一度流行这样一句话：“我不在办公室，就在星巴克；不在星巴克，就在去星巴克的路上。”

（二）体验式服务

在消费者需求的中心由产品转向服务，再由服务转向体验的时代，星巴克成功地创立了一种以创造“星巴克体验”为特点的“咖啡文化”，星巴克与一般咖啡店不同的地方在于其赋予了一杯咖啡更丰富的体验和更深层次的文化内涵。星巴克深知每一个顾客是最直接的消费者，应该努力使之成为常客，为此星巴克对店员进行了深度的培训，使每个员工均成为咖啡方面的专家。在细品咖啡的同时，顾客可以和店员进行深层互动，一起探讨有关咖啡的各类知识。在服务过程中，星巴克实行一种“定制式”的“一对一”服务，真正做到真心实意为顾客着想。星巴克的独特之处在于：重点并不在于人们是如何品尝咖啡的，而是享用咖啡的人是如何相处的；无论是顾客与顾客，还是顾客与店员，仿佛都被一种情感纽带连接着。

（三）多元化战略

史密斯认为，星巴克的竞争力体现于“走在别人的前面”。星巴克除了提供咖啡外，还提供精致的糕点、冰激凌，食物的销售收入占到总收入的10%左右。2011年3月8日，星巴克宣布更换全新的标志：原先印有“Star-bucks coffee”字样的绿色圆环不见了，“女海妖”的形象被放大，这样的做法更是让星巴克抛开咖啡的形象，大张旗鼓地进行多元化经营，增加了茶的元素。星巴克播放的大多数是自己开发的有自主知识产权的音乐。迷上星巴克咖啡的人很多也会迷恋星巴克音乐。在美国，星巴克将这些音乐摆到了货架上并且不断更新，这也为星巴克带来了不菲的收入。

（四）创新与协同创新

“变”是永恒不变的原则，“创新”是企业生命力的延续。在星巴克的体验营造过程中，企业适时地根据营销环境等因素的变化，做出合理的调整，充分发挥想象力不断推出新的体验业务，以不断更新的差异化体验来吸引顾客。2002年，星巴克率先在咖啡店提供无线上网服务，让顾客可以一边惬意地享受咖啡，一边上网冲浪。2004年，星巴克推出“赏乐咖啡屋”店内音乐服务。顾客可以一边喝咖啡，一边戴着耳机利用店内电脑中的音乐库选择自己喜爱的音乐，并做成个性化的CD带回家。2010年，星巴克将独一无二的“星巴克体验”进一步延伸到了中国消费者所喜爱的茶饮品领域，推出了包含中式茶和异域茶两大类共9款茶品，沉淀了星巴克在全球茶饮上的丰富经验。在金融服务方面，星巴克引入了一种预付卡，顾客提前向卡内存入一定金额后，就可以通过高速因特网的连接，在星巴克1000多个连锁店刷卡付款，这给顾客提供了更方便的结账方式，把顾客的结账时间缩短了一半。在新产品的研发方面，从卡布奇诺、星冰乐、咖啡味啤酒等新创意的巨大成功，到投入巨资对浓缩咖啡萃取技术的研发成功，无不表明了星巴克在创新方面拥有很大的优势。

第十一章 小米商业模式创新分析

随着互联网的快速发展，科技产品的更新速度伴随着消费市场的瞬息万变而加速迭代，这一情形导致生产成本的不断增高以及利润率的不断下降，小米作为国内领先的手机厂商早已预见这种激烈的行业局面。在这一时代背景下，小米于2013年开始对IoT的产品进行布局，随着AI技术在资本的推动下不断火热，小米公司立足自身优势，于2019年1月的发布会正式提出“手机+AIoT”的产品战略，作为业内第一家提出这个概念并付诸实施的企业，小米的真正目的是通过一整套全新的商业模式来挖掘互联网企业在新时期的盈利增长点。这一举动对于中国的手机互联网企业以及正处于转型升级阶段的中国经济，都有重要的参考意义。

第一节 商业模式画布分析

商业模式画布的概念是在2008年由著名的商业顾问Alex Osterwlder提出的。通过商业模式画布可以将元素标准化并直观体现它们之间的相互作用。下面将从九个角度对小米公司在“手机+AIoT”产品战略下的商业模式进行全面的分析。

一、价值主张

小米从创始人团队成员就可以看出其工程师文化氛围非常浓厚的，这家成立于2010年的新兴移动互联网公司的口号就是“为发烧而生”。从一开始极致的系统体验到发烧级的硬件组合，以及如今整个小米生态圈产品品质的严格把控，这些具有“工匠精神”的基因已经深深刻入小米的企业文化之中。此后，小米又提出了“做价格厚道但感动人心的产品”这一符合潮流的口号。

（一）提供极致价值

一家公司的任何价值创造和技术进步最终的目的都是要满足人们日益增长的物质和心理需求。小米不断地去超越用户的理解从而打破常规的价值观，这从小米成立之初就已经融入小米的价值血液之中，这种高效的商业模式让更多用户平等地享受自己的工作和生活因科技的发展而变得更加美好。从“为发烧而生”的小米手机到基于安卓定制的 MIUI 系统的开发，再到“手机+AIoT”的产品战略建设，小米为了让它变成大众可以消费得起的品牌，整个小米生态以普惠大众为价值主张为用户持续不断地提供高性价比的科技生活产品。

（二）降低用户成本

小米的价值主张中的极致体验传导到用户处就是尽可能地降低用户成本，从开始时小米手机为了方便国人的使用，基于原生安卓定制的 MIUI 系统坚持每周持续不断地优化和更新迭代。生态系统使用的 IoT 平台将应用场景与用户界面的交互进行了深度融合，不断推出搭载 AI 技术的 IoT 智能产品，比如烟灶套装、空调以及智能门锁等。小米垂直整合自己的所有软硬件资源，为用户提供同时代的极致体验。为了形成海量数据的沉淀与运用，最大限度地降低用户向往美好生活的使用和选择成本，小米尽可能地为用户降低使用门槛而打造了全球顶尖的 AIoT 平台。

二、核心资源

在苹果、华为和亚马逊等巨头面前，小米公司从资产体量到人数还是很小的，公司全体员工只有 1.6 万多人（2019 年数据），其中手机硬件部门只有 3000 多人，而公司人数最多的部门是作为小米商业生态系统根基的 MIUI。与此同时，小米公司拥有 3 个 AI 方面的技术团队，在此基础上小米还同国内的 AI 巨头百度进行了深度的合作。从这里可以看出，小米是有很强的研发潜力的，软件部门的强大也正好符合了小米公司“轻资产”的一贯主张。

小米的核心资源是用户基数巨大的小米手机、搭载的 MIUI 以及全球最庞大的 IoT 用户平台，这三个核心资源给小米提供了海量的用户数据并为小米下一步发力 AIoT 领域提供了强有力的武器，而雄厚的资金实力为小米的扩张提供了强有力的基础。

(一) 小米手机

小米手机是最吸引消费者眼球的手机品牌之一，同时也是小米的立足之本和“手机+AIoT”战略的重要支架。从当初的爆款小米手机，到如今的数字系列和红米系列对高中低端消费者的全覆盖，小米在不断地强化它的手机业务，以提高核心竞争力。

(二) AIoT 的软硬件构成的平台

小米相对于其他同类竞争厂商的先发优势还是很明显的。作为我国进入 IoT 产业的第一家手机厂商，不包含手机、电脑的小米 IoT 设备连接数已达到 2.3 亿个。消费市场上的反应和 2019 年度的公司年报，也都表明了小米加快布局 AIoT 生态系统的决心。从公司组织上看，智能硬件部和 IoT 平台部的技术委员会的成立以及大家电事业部的新增等都表现出 AIoT 被推向公司发展的风口浪尖。AI 业务独立升级为一级部门，成立 AIoT 战略委员会且人工智能部、大数据部、云平台部直接向雷军汇报等举措，也都从管理组织层面体现出公司对 AIoT 平台建设的重视。AIoT 不仅仅是一个巨量入口，在大数据时代结合 AI 和 IoT，更是实现人与物、物与物的信息无缝衔接和交互，从而达到对生活的精确管理和对生产的科学决策。

(三) MIUI 系统

根据小米 2019 年报的市场资料分析可知，在 2019 年第四季度，小米手机的出货量同比增速在全球五大智能手机厂商中排名第一。小米的 2019 年报数据显示，在 2019 年 12 月，MIUI 的月活跃用户数同比增长 27.9%，2019 年 8 月 21 日雷军在微博中透露 MIUI 的全球月活跃用户已达 3.3 亿。小米的产品矩阵作为在消费级物联网领域的全球领先平台之一，随着平台连接设备的不断增多而不断扩大优势。截至 2019 年 12 月 31 日，小米旗下的 IT 设备的联网数量同比增长 55.6%。作为 AI 技术的产品——小爱同学的月活跃用户数在 2019 年 12 月的数据为 6040 万，同比增长 55.7%。

(四) 雄厚的资金实力

自从小米在香港上市以来，小米一系列的新举措都和小米的股价波动是密切相关的，衡量风险和利益之间的平衡是资本永恒的话题。“小米是互联网企业还是硬件企业”的争论就是因为资本市场只会投资自己熟知的领域借以利用过往的经验对公司做出相对科学的评估，可以理解资本出于风险的考虑会对小米的模式给予谨慎的评估以期把风险降到最低。从 2020 年开始，在未来五年内，对“5G+AIoT”至少投入 500 亿元——这无疑是小米在向外界释放投资小米的坚定信心。正如某位产业经济分析师曾公开表示的，“未来的企业焦点不是硬件制造，而在于大数据的合理利用和倍数增值”。在如今商业大数据的环境下，庞大的小米用户群体已在行业中形成了巨大的体量优势，与此同时，庞大的用户积淀所形成的 AIoT 平台的规模效应也进一步降低了小米的生产制造和客户引流成本。在小米上市之前，资本市场一直认为小米是一家硬件公司并且市盈率低于 20 倍。在小米上市之后，随着 AIoT 的战略布局不断地被强化，小米的独特价值也得到了资本市场的认可。小米在香港成功上市之后，业务实质和想象空间又成了小米被关注的重点。通过股权合作的方式无疑是高效地帮助小米扩充企业边界的最佳方案，我们可以看到资本并不那么看重短期内的股权增值和现金回报。可见对小米的投资是被投资人所认可的，而这无形中为小米增加了大量的资金实力。

三、关键业务

作为一家公司在运行过程中的重要保障，同时也是商业模式画布中其他几个组成要素的基础，主要描述了企业如何给客户提供价值，包括企业生产什么样的产品、给客户提供什么样的服务或者搭建什么样的服务体系。

（一）手机产品

作为小米公司主打产品，也是跟随小米从创业至今 10 年的核心产品，小米的一切生态体系从目前来看都是以小米手机为中心所打造的，即“手机+AIoT”。不论手机业务收入，还是智能生态收入，或者是提供互联网相关服务的收入，这一系列都是以手机作为中心的。对于小米的整个生态来说，手机不仅仅是其中的一项流量入口，更加体现了在如今变幻莫测的互联网行业中用户对一个品牌的用户黏性。从整个手机行业来看，苹果占据着手机行业的最高利润，华为手机的高端冲击策略已卓有成效，就连小米的中低端市场阵地也遭受了国内的 OPPO 和 vivo 的冲击，在这一竞争激烈的市场上，小米只能在夯实手机业务的基础上对商业模式进行不断的优化创新。

（二）IoT 产品

电脑、电视、空调、洗衣机、冰箱等家用电器是整个产品战略的重要组成部分。小米不仅仅要和传统的硬件厂商竞争，还需要与众多互联网企业抢夺流量资源。IoT 是小米的核心驱动力之一，仔细分析就会发现，电脑、电视等智能家电属于增加用户黏性的引流产品，搭载人工智能语音助手的消费品如小爱音箱则属于 IoT 的战略产品。2019 年上半年，小米旗下空调的出货量突破 100 万台。米家空调的优异表现证明了小米高效率商业模式的强大跨界能力，同时也证明小米 IoT 平台引流能力强大。

（三）MIUI 系统服务

基于安卓定制的 MIUI 含有一系列互联网服务，如云服务、游戏、音乐、生活消费以及金融产品等。随着国内居民消费水平的日渐提高，人们对服务尤其是互联网的相关服务的使用率会越来越高，基于 MIUI 的系统服务会在根本上为用户提供全套的优质服务，一旦用户为此项服务付费，那么 MIUI 系统服务的用户黏性作用就会体现出来，这同样会为小米的整个商业生态带来源源不断的流量引入。

（四）AI 产品

目前投入市场的搭载有小米 AI 技术的人工智能助手小爱同学，从用户规模和使用评价来看是目前国内智能化程度较高的语音助手，同样，作为“手机+AIoT”战略下的商业模式系统中唯一的人工智能消费品，其在业内口碑极佳的使用体验为小米的下一步扩张也打下了坚实的产品基础。

（五）小米生活消费品

小米通过其自营渠道销售的服饰、家居用品和创意配件等高品质的“轻奢”物品也取得了不错的战绩，虽然雨具、服装、箱包和鞋靴等看似与物联网和 AI 没有一点关系，甚至让消费者和投资者对于小米的产品结构眼花缭乱。推出这一项目是因为小米作为非行业头部的互联网企业，产生的流量与字节跳动公司旗下的“抖音”和“今日头条”这种信息类入口不在一个量级之内，同京东等传统电商平台相比也有很大的客流差距。所以小米利用高品质的生活消费品为自己创造流量，从而实现客户资源的转化。这些高性价比的生活消费品利润多少并不重要，一旦客户使用了“小米商城”或者“小米有品”App，那么便会增加小米的互联端口网流量，也就可能会变为小米 AIoT 生态的用户或者是小米手机的用户。小米生活消费品战略布局如图 11-1 所示。

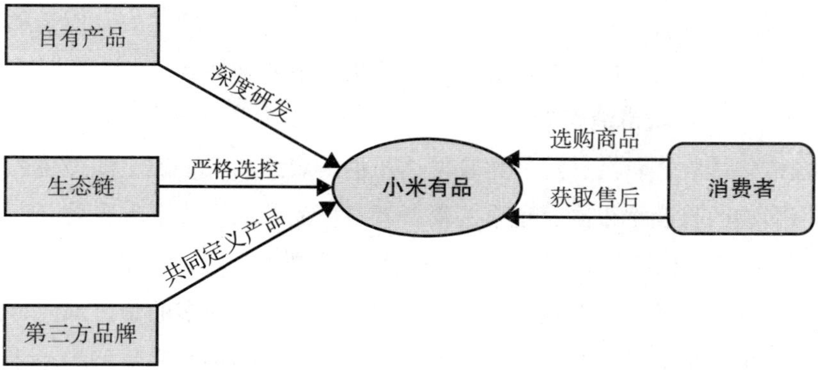

图 11-1 小米生活消费品战略布局

资料来源：考欧吉，2020。

四、客户细分

小米的客户主要为公司白领等中青年时尚人士，他们敢于尝试与冒险，愿意接触新鲜事物，学习新的科技产品，其中男性用户占比很高，女性市场则有很大的潜力，因为从历年成熟的消费市场来看，女性的最终占比通常过半，所以小米后期的市场潜力优势非常明显，可以大力开拓此类市场。

从年龄结构来看，中青年是小米产品的消费主力。

（1）青年市场，即 18 岁到 35 岁的消费者。这个阶段的消费者成长于改革开放后我国经济腾飞的阶段，普遍都受到过良好的教育，他们对生活方式有一定的追求，愿意尝试并热爱新潮时尚的产品，同时，由于财富的积累有限而更加追求产品的性价比。

（2）中年市场，即 35 岁到 55 岁的消费者。这一阶段的消费者的生活和工作都趋于稳定，多年的事业打拼使得个人财富都有了一定的积累，因而更关注商品所带来的品牌效应和价值体验。

随着互联网信息爆炸式的发展，各种商品的种类繁多，而快节奏的生活和工作压力让广大的中青年消费群体无法在购物上投入过多的时间和精力，所以像小米这种精品化产品的商业模式更有利于他们快速地做出消费决策，更具有消费吸引力。

从城市规模来看，目前一、二线城市为小米产品的消费主力，但是随着国内消费结构的升级，三、四线城市的消费比重也在不断增加。

（1）一、二线城市消费者。一、二线城市主要为各个省会及以上的城市，由于这些城市整体收入较高、经济比较发达、消费观念前卫，加上地理位置优势使得互联网购物的普及率很高，这里的消费者对商品的品质要求也更高。

（2）三、四线城市消费者。三、四线城市主要为地级市及部分县城，由于这些地方收入有限且消费者对商品的要求不是很高，因此更多的是追求性价比。

从职业角度来看，在校学生、工薪阶层、城市白领和家庭主妇为小米的主要消费群体。

（1）在校学生。作为新生代的消费群体，他们对互联网产品非常熟悉，最容易接受科技产品，同时，由于没有稳定的收入来源，所以对价格十分敏感，喜爱发烧级硬件产品。

（2）工薪阶层。他们作为小米的主要消费群体，收入和工作趋于稳定，在同样价格的情况下对品质和价值更加注重，所以价格因素对其购买意向的影响不是很大。

（3）城市白领。作为高端消费群体同样也是小米主要利润群体，他们拥有良好的财务指标和社会地位，在购买产品时注重产品的科技含量和购物感受，对品牌价值和生活品位非常敏感。

（4）家庭主妇。作为家庭的主要消费者，她们对产品的安全性和品质最为注重，且由于财务方面有较多话语权，所以对于高品质的生活消费品和 AI 智能家电来说会有广阔的市场空间。

从小米的整个生态系统来看，其主要业务集中在手机、家电、家居服装等生活用品。与别的科技公司不同的是，“手机+AIoT”产品战略下所打造的商业模式是一种复合且超前的模式，形成了产品集群的一个闭环。打造爆品的精品化路线可以满足以后消费趋势的需求，目前占比较少的女性用户群体是可以挖掘的巨大潜力客户。

五、渠道通路

小米作为我国首家采用线上打法的互联网消费产品公司，随着 2015 年之后经历的 3 年的危机，互联网的线上红利已经见顶了，于是，小米结合互联网平台打造新零售，开拓了线下渠道。

（一）线上自营渠道

多年的互联网深耕让小米积攒了大批的忠实用户，通过 MIUI 小米借助系统采集的大数据对用户画像进行分析，利用小米商城和小米有品的自营线上渠道提升用户的购买率。

（二）线上电商渠道

线上的电商渠道主要是针对发烧友和“米粉”，当小米需要进一步扩大销量时就要借助线上大的电商平台诸如天猫、京东和拼多多等，京东主打 3C 和家电产品，可以为小米转化更多用户；而天猫主打家居百货，可以为小米争取更多女性客户；拼多多主打三、四线小城市用户，结合小米的高性价比，产品可以进一步扩大用户基数。

（三）线下自有渠道

作为小米官方唯一的直营体验店，截至 2019 年 12 月 31 日，中国大陆小米之家的门店数量已达到 630 个，基本上已经达到三、四线以上城市的全面覆盖。作为小米新零售的唯一载体，用户可以通过小米之家在线上下单预约，再到直营店体验和购买最潮的新款产品。从目前的趋势来看，雷军所强调的线上线下融合，一体化的体验和消费场景将是小米未来的主要线下渠道。

（四）线下三方渠道

小米通过与苏宁、国美等传统综合商超合作，可以进一步拓展客户来源，但从目前来看，此类渠道多为辅助，线下将以小米之家作为主要布局重点。

六、重要合作

小米公司位于北京的总部主要是管理手机的设计功能，其生产则主要由河北的富士康和南京的英华达分别代工小米系列和红米系列，并且小米的售后是严格按照国家三包政策规定办理，产品口碑得到了这些高品质代工厂强有力的保证。

除了主打款的小米数字系列旗舰手机外，其余款式均外包给代工厂进行设计和生产。由于小米采用这种轻资产运营模式，所以小米生产的手机都是同行竞争对手中最具性价比的产品。

小米公司最早以北京为中心，后又在武汉设立分中心。由于公司的互联网属性，公司把一部分的设计外包给合作公司，比如小米百货中的各类生活日用品、服装和家居用品，都是通过投资和参股的方式来进行外包生产，在保证产品简约设计的基础上打造精品化的质量和模式以贴合当今年轻消费群体的“轻奢”理念。对于 IoT 产品，小米则与美的和 TCL 等国内老牌电器厂商合作，小米提供产品的外观设计和内部的智能系统定制，同时电器厂商负责供应链的优化和硬件的生产，最后再由小米把控产品质量和产品营销。

七、客户关系

小米的商业模式要素与以往传统的公司最大的不同点，便是在客户关系的模式上，它的客户关系是建立在优先服务的基础上与客户进行共同分享和成长。

（一）共同分享

与客户交朋友不仅仅是一句口号，MIUI 系统从开放之初便保持着周更新的速度，虽然随着产品规模越做越大，部分硬件都搭载了开发版的系统，但是贴心的小米依然给消费者分别提供了稳定版和开发版。作为一家和“米粉”交朋友的互联网科技公司，这一做法难能可贵。

（二）优先服务

作为一家由软件驱动的互联网科技公司，为客户服务的理念一直伴随着小米的发展，其中手机的 MIUI 系统作为国内目前用户量最大且性能相对较好的安卓定制系统，里面所搭载的互联网服务也是非常全面，从生活娱乐，到金融服务一应俱全。多达 6000 多人的 MIUI 开发团队通过论坛不断地同用户进行交流，用户在使用的过程中也会发现其作为一家愿意为客户源源不断提供价值的科技公司，的确有许多细节和可取之处。

八、收入来源

小米作为一家互联网公司，硬件收入只占其中一小部分，正如雷军在 IPO 的路演中所说，小米手机的综合硬件利润不超过 5%，所以在对小米主营业务分析的基础上并结合小米 2018 和 2019 年度的公司年报，发现其主要的收入来源有以下四个方面。

（一）手机硬件业务

手机业务既是小米的基础性业务，也是其最大的引流业务。根据小米公司的 2019 年报可以看出，其手机业务的营收为 1221 亿元，占整体收入 2058 亿元的

59%，同比增长 7.3%。虽然从目前来看，它仍然是小米公司最大的收入来源，但随着“5G+AIoT”这一产品战略的不断推进，手机业务收入的占比将越来越小。

（二）IoT 的智能产品业务

作为小米新时期的增长业务之一，IoT 智能产品同小米生活消费品在 2019 年的收入达 621 亿元，同比增长 41.7%，是公司最快的增长业务，同时也承担着 IoT 产品的普及、品牌形象以及整个小米智能化生态的引流任务，其中小米电视 2019 年在中国市场的出货量达到 1000 万台，销量为中国第一世界第五，可以预见随着小米国际化之路的进展，优秀的 IoT 智能产品力只会让此项业务的收入占比越来越大。

（三）小米生活消费品业务

此类业务产品主要是通过小米商城、小米有品和小米之家等自营渠道销售的生活消费品，其中小米有品的交易额在 2019 年超过了 100 亿元，由于整体定位为简约化和精品化，所以其产品相比同类竞品产品力更强且价格更低，其收入在年报中与 IoT 智能产品列在一起，可见更多的是为了丰富小米的生态圈起到对外围客户引流和输出品牌价值观的作用。

（四）互联网相关业务

以 MIUI 为基础，目前结合 AI 技术，2019 年小米的收入达 198 亿元，“手机+AIoT”战略的实施使小米用户的黏性进一步加强，AI 技术的加持进一步提高了小米广告业务投放的精准性和有效性，小米不断地把自己的人工智能技术优势融入互联网业务的商业化之中，通过不断地优化算法，提升匹配效果，推进商业化效率并且还不断地去拓展广告来源的多样化，其中 2019 年第四季度的广告收入就达到了 30 亿元，同比增长 17.8%，游戏收入也在第四季度达到 8.74 亿元，同比增长 44.4%，可见互联网业务的持续多元化是小米公司互联网收入增长的主要动力。

九、成本结构

成本结构体现了一个公司商业模式的发展潜力，它与收入来源一起作为资金周转的实力体现。小米是一家以自营为主的企业并采用不断加强与第三方的合作以降低库存和资金周转成本的模式，而小米的轻资产模式成本结构主要可以从两个方面来进行模式的分析。

（一）在运营成本方面

目前小米线上以自营为主，天猫、京东等第三方电商平台为辅来销售其核心产品，而IoT和小米百货商品则完全由小米商城和小米有品等自营体系来完成运营和销售；而对于线下则以苏宁、国美等第三方渠道为辅，小米之家为主。因为线上运营的边际成本要小一些，所以小米在主攻线上的同时能够尽可能地去降低营销成本，而线下的小米之家则是属于重资产。

（二）在制造成本方面

小米手机的主体是由自己设计，其他的组装生产等业务完全外包给业内高质量的代工厂，对于这种OEM模式，小米把控好设计和品控关即可，这样可以在保证质量的同时尽可能地压低成本，从而带来极致性价比的手机产品。在IoT方面，是通过软件嵌入和合作厂家生产的模式，而小米百货则是通过小米的孵化机构投资的上百家小型创业公司来进行各自独立的生产，对于这种制造成本的模式，小米都是尽最大可能地来降低其制造成本。

第二节　小米“铁人三项”商业模式创新分析

一、智能手机销售为主的硬件服务与互联网服务

如小米向港交所申报提交的招股书所述，小米现今的商业模式为“硬件+互联网+新零售”新组合模式。从近几年小米的收入结构来看，智能手机的销售收入在2015、2016、2017年的占比分别为80.4%、71.3%、70.3%，三年的收入占比虽然逐渐降低，但仍是小米最重要的一块。这也从另一个方面说明，在小米三大板块中，手机处于绝对的核心。小米在招股书中提出一个很重要的数字，即小米硬件的净利率永远不超过5%。这表明小米并不打算将硬件的收入作为其主要的收入来源。而是用让利的设备吸引消费者，将硬件作为小米生态圈的入口，将用户导向互联网服务这一板块从而创造利润。后来小米互联网服务收入的增长也从侧面验证了小米这一商业模式的实施。

二、组成智能生活生态圈

随着小米自身技术的成熟与进步，以及现今的时代需求与发展需要，小米除了发展手机业务外，也在努力拓展和延伸相关周边业务，包括组成了以手机业务为核心，相关生活硬件与产品为延伸发展的智能生活生态圈。对于整个小米的硬件板块而言，其智能生活生态圈大致可以分为三大部分：一是坚持以手机业务为核心，手机周边为延展的核心业务；二是拓展以小米电视、小米音箱等 IoT 为主的管道业务；三是开发以其他生活硬件和生活耗材为主的零售业务。这三者共同组成了小米的智能生活生态圈，相互依存，相互促进。

三、新零售打造全新布局

新零售，即指以互联网为依托，通过人工智能等手段将线上、线下以及物流深度结合的新的零售模式。新零售的出现有着深刻的现实背景。首先是线上零售的饱和。经过几年的发展，线上的资源基本被各大头部公司瓜分殆尽，现今增速缓慢。其次是线下移动支付的普及，使得线下购物不再受时间和空间的制约。最后是中国中产阶级的快速增长，人均可支配收入增长迅速，更希望通过线下的方式享受购物体验。线上红利使得小米忽略了这一市场变化，导致了小米在新零售的起始阶段遭受了一定的冲击。之后小米迅速调整战略，以小米商城、小米之家为主大力发展新零售业务。为整个小米的生态圈提供了更多的流量。目前小米的坪效为每年 27 万元/平方米，仅次于苹果的 40 万元/平方米。

目前小米拥有 3 亿的 MIUI 用户，1.7 亿手机月活用户，可谓是用户基数巨大。根据小米招股书，2016 年平均每用户收入为 48.5 元。2017 年平均每用户收入为 57.9 元，相对应的毛利率为 64.6%和 60.2%。而智能手机的毛利率仅为 3.4%和 8.8%。如此之高的毛利润也不难揭示为何小米将互联网收入作为之后企业发展的主攻方向了。简而言之，新零售为小米提供更多用户，高性价比硬件的小米生态圈将用户牢牢圈住，互联网服务将生态圈产生的流量变现，使企业获得利润。小米“铁人三项”商业模式具体如图 11-2 所示。

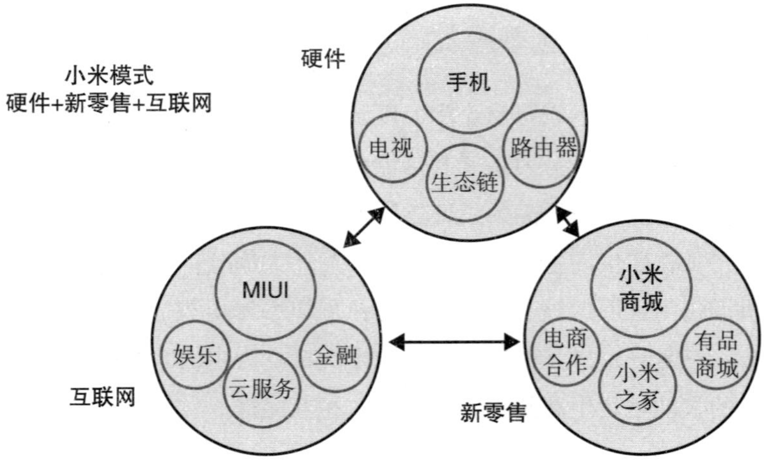

图 11-2 小米“铁人三项”商业模式图

资料来源：刘玮，2018。

第十二章　拼多多商业模式创新分析

第一节　拼多多概述

拼多多是上海寻梦信息技术有限公司旗下的一家“新电子商务”平台，成立于2015年9月。拼多多专注于拼团模式，用户可以和家人、朋友、邻居等拼团，用更低的价格购买到商品，旨在凝聚更多人的力量，用更低的价格买到更好的东西，体会更多的实惠和乐趣。通过沟通分享形成的社交理念，形成了拼多多独特的新社交电商思维。2018年7月26日，拼多多在美国纳斯达克上市。2019年12月，拼多多入选2019中国品牌强国盛典榜样100品牌。创立近5年，拼多多平台已汇聚5.852亿年度活跃买家和510多万活跃商户，平台年交易额突破万亿大关，达人民币10066亿元，迅速发展成为中国第二大电商平台。

第二节　拼多多商业模式分析

一、定位

拼多多的定位是新电商——第三方社交电商平台，专注于C2B拼团。拼多多坚持消费者优先，为消费者提供公平且最具性价比的选择。拼多多初期将目标用户定位于“五环外”的人，主要面向三、四线城市的消费群体，这些地区的消费者对价格比较敏感，更易于被拼多多的拼团低价模式吸引。而相关的数据显示，目前拼多多一、二线城市用户占比已接近一半，其中男女比例大概为4：6；在年龄分布中，35岁以下用户占比最高，接近七成。拼多多通过“农村包围城市”的策略，成功地在市场上占领了一席之地。正是因为拼多多敏锐地瞄准了一群尚未被电商巨头覆盖但有庞大网购需求的群体，这种错位竞争为拼多多站稳市场赢得了非常完美的开局。

另外，拼多多的产品定位是性价比。以微信等社交平台为依托，将个人所拥有的人脉资源迅速聚拢，把相似的需求聚合规模化后反推供应链上游，产生定制化商品，从而使得消费者更满意，脱离低价的恶性循环。

二、业务系统

拼多多主要以拼团购物的模式来销售产品。在平台上，用户可以选择“单独购买”或“发起拼单”，二者的价格有差异，“发起拼单”的价格往往比“单独购买”便宜很多，低价的产品会更吸引用户，促使他们选择拼团的模式完成产品的购买。

拼多多通过 C2M 模式来提供低价的产品，这种模式将制造商和消费者直接联系起来，可以去除库存、物流、分销等中间环节，大大压缩了成本。

三、关键资源能力

（一）用户流量

拼多多的团购模式与传统的团购不一样，需要用户主动邀请别人拼团。为了享受更优惠的价格，用户会积极地去组团，如通过微信等社交软件将拼团信息发送给家人、朋友、邻居等，邀请他们一起购买商品。此外，拼多多还设置了很多游戏化环节，如“砍价免费拿”，在这个环节，用户可以选择一件自己想要的商品，然后在规定的时间内邀请其他用户帮忙砍价，当价格砍到 0 元时，用户就可以免费获得商品，而新用户砍价的力度会大于老用户，用户如果想尽快完成任务，就需要邀请没有注册过的人来助力。为了获得免费的商品，用户会分享链接，邀请大量的好友帮忙砍价。社交网络具有无限延展性，通过用户的分享，拼多多吸引了更多的消费者，用户数量能够呈快速增长。拼多多获得了用户流量，可以吸引更多的商家入驻平台，帮助平台更好地发展下去。

（二）低成本

2018 年 12 月，拼多多推出“新品牌计划”，计划扶持 1000 家工厂品牌升级，采用 C2M 模式共同打造“爆款”产品。这一举措有助于降低渠道和库存成本，从而让用户以低价买到产品。拼多多和传统电商相比，获客成本较低，因为其借助了社交网络来获得大量用户，通过老用户的人际关系获取新用户，使用户数量爆发式增长。

（三）人才团队

当前，电子商务行业竞争激烈，拼多多如果想要继续保持其如今的地位并持续盈利，就需要组建一个属于自己的并且稳定的高端人才队伍。企业中的人才队伍才是拼多多与其他电商平台巨头相争的核心竞争力。据了解，截至 2018 年，拼多多工程师的数量已超出全公司员工总数的一半，为了保留这些技术人才，拼多多采取发放员工股权的方式来防止自己企业的人才流失。

四、盈利模式

拼多多的收入来源主要是交易佣金、广告和商家保证金。拼多多的单品利润较低，但由于拼购模式有助于打造单品爆款，形成规模经济，降低成本，因此平台和商家都能获利，形成双赢的局面。

五、成本结构

拼多多主要营运成本来源于销售及市场推广费、管理费用以及研发费用。以 2019 年第二季度最新财报为例，其中销售及市场推广费占营运成本的 85%。拼多多经营亏损持续扩大主要来自三个费用项的同时大幅增长，主要是拼多多投放了大量的广告和进行了产品促销，以提高品牌知名度，进一步提高用户数量。除此之外，由于法定节假日的因素，拼多多也进行了一些促销活动，通过多种渠道来进行市场营销，比如通过电视节目、广告、活动赞助、折扣、代金券发放等。

第三节　基于社交电商模式的创新分析

社交电商是指融入了社交元素后的电子商务运营模式，是利用分享、讨论、用户反馈等社交形式进行企业商品销售和推广的一种新型的营销手段。社交电商最大的特点是具有社交和分享属性。有别于传统电商模式注重平台规模的扩张，通过平台规模用户数的点击搜索浏览来提高销量，社交电商主推用户的社交关系网络进行平台的传播与推广，并且达成订单的交易。社交电商中融入了社交元素后的电子商务运营模式，是利用分享、讨论、用户反馈等社交形式进行企业商品销售和推广的一种新型的商业模式。以社交网络平台为载体，通过商家的主导互动，让消费者参与到商品的交易和分享过程中来，利用消费者自发推广等方式促进商品的销售。这种商业模式让消费者可以通过社交网络关系向其他消费者或潜在用户分享、推荐商品。拼多多就是利用社交电子商务平台的特性，打开市场并占据市场，通过各种社交媒介走进人们的视野的。

一、移动互联网“基础设施”的完善

拼多多的发展受益于移动互联网的快速发展。移动互联网浪潮中诞生了许多优秀的社交平台，如拥有 10 亿用户的微信平台；出现了方便快捷的移动支付，如微信支付、支付宝等。现代物流的发展诞生了诸多快递企业，如顺丰、中通、圆通等，现代物流基本上覆盖全国，能实现全国送达，发达地区如江浙沪快件隔日送达等。这些优秀的平台企业构成了拼多多发展的基础，在“互联网+移动支付+商业模式创新+现代物流”的“基础设施”上，拼多多实现了高效、高速的发展。同时，拼多多的发展也给这些合作伙伴带来了更多的订单和利润。

二、流量红利转化

流量是电商平台业绩的重要影响因素。微信不仅是中国最大的互联网社交平台，同时也聚集了全国最大数量的三、四线城市用户和农村用户，这些用户需求被拼多多挖掘出来。另外，微信提供的是即时通信服务，为拼多多购物者和卖家提供共同的沟通渠道，免去一些转移聊天平台的麻烦和学习新的沟通渠道的学习成本。拼多多的小程序浏览量一直在小程序浏览量排名的前三名，借助微信小程序引入流量，充分利用微信小程序开关方便、体验流畅的特点，助力自身发展，并在浏览和分享的过程中实现产品的销售。而且微信社交网络的延展性使得商品信息在被分享的过程中呈病毒式扩散，这种裂变的传播方式在无形中撬动了诸多的潜在客户。每个使用拼多多拼团的用户既是消费者又是分享者，在无形中也成为拼多多的推广者，拼团用户在微信的每一次分享都相当于在给拼多多做免费的广告推销。

三、“社交+诱导性拼团”的模式

在拼多多的平台上，可以看到一款商品的单独购买价格和发起拼单价格。若选择拼团可以享受购买优惠，也可以自行开团。开团之后，购物者需要将拼团商品信息发送到社交平台，并只有在规定的时间内凑到足够数量的购买者，才可以享受优惠价格购买商品。这种将社交属性融入购买行为当中的规则设置，加上低廉的价格和爆款产品，使得拼多多迅速引爆了朋友圈和微信群。与传统电商相比，社交电商能将同类兴趣的细分顾客聚集，以分享和低价营销来打动消费者，特别是它能够迅速传播到三、四线城市乃至农村网购市场。消费分级和做大销售市场是拼多多的重要商业逻辑。拼多多的“社交电商”模式刺激了用户需求并聚集相同或类似需求，挖掘了三、四线人群的网购需求。

与传统团购模式不一样，“拼多多”的团购极具诱导性。拼多多的拼团依赖用户主动，基于一定的社交场景具有去中心化的特征，并且其拼团过程更具诱导性和游戏性。拼团的人数越多，商品越便宜，这种拼团模式赋予了用户主动砍低价格的权利。为了享受优惠的团购价，消费者自然会积极地分享拼团信息。与淘宝、京东等传统的搜索式购物不同，“拼多多”的拼团用户可以在拼单的过程中一边交流一边砍价，极具购物的仪式感，在一定程度上还原了现实场景中的购物体验。并且除了团购拼单之外，拼多多还推出各种类似游戏的特价抢购活动，如“助力享免单”“帮帮免费团”“砍价免费拿”等。这些玩法无不在诱导新用户的卷入，只要人数足够，用户就可以免费拿到该商品作为奖励。整个免费的过程像玩游戏一样，用户在不断集结人数的同时还能感受到砍价机制带来的趣味性。

四、低价爆款的模式

将消费者的需求直接对接到工厂，节省了中间所有的渠道成本。由于拼多多上的商家多为中小型企业，很难自建覆盖全国的销售网络，通过“拼工厂”的一站式生产，既保证了产能，又方便拼多多对其进行质量把控和管理，然后销往全国。这种模式的好处是工厂最大限度地简化了生产和销售流程，只用专注于特定款式，将这种产品的生产效率达到最高。控制成本结构的诀窍在于：定制产品+压缩供应链和销售环节。低价的产品本身让用户关注于产品本身的功能，而不是产品的品牌等附加因素，使得用户重复购买率高和传播口碑效应高。

第十三章 盒马鲜生商业模式创新分析

第一节 盒马鲜生简介

盒马鲜生于2015年3月成立，2016年1月15日正式投入运营。盒马鲜生一经上市，便成为异军突起的新零售代表企业。“生鲜超市+餐饮”的新业态备受顾客喜欢，迅速赢得消费者口碑，在市场中拥有一席之地。盒马鲜生作为新零售的代表企业，布局线上线下双渠道，形成了独特的生鲜电商O2O模式，线上订单量占比不断增加。独特新颖的商业模式为盒马鲜生创造了不菲的业绩，日均销售额峰值超过150万元，门店坪效远超同行业平均水平。在盒马鲜生的商业模式中，互联网作为重要基础支撑，在互联网的基础上实现商业模式的创新，体现出了新零售。下面将对盒马鲜生商业模式进行分析。

第二节 新零售特点分析

2017年9月，我国商务部流通产业促进中心发布了《走进零售新时代——深度解读新零售》的报告。报告指出，新零售业态是消费以及技术双驱动的产物，对于国民经济发展具有积极推动作用。

作为一种新兴业态，新零售有着以下独特的特点。

一、扮演新角色

传统的零售商扮演着经销者的角色。它们从上游企业即供销商那里购得货物，然后再转卖给下游的消费者，从中赚取差价。此前，上游的品牌商或者经销商与消费者没有交集。而在新零售模式下，零售商通过大数据以及算法分析下游消费者的购物习惯以及潜在的消费需求并将其提供给供应商，供应商因此便能通过零售商精准地提供产品和服务给消费者。通过零售商的牵线，消费者和供应商有效地串联了起来，零售商扮演起了组织者和服务者的新角色。

二、呈现新形态

诸如商场、连锁超市、便利店等的传统零售商并不具有配送的功能。新零售商依仗着已有 App 或者客户端平台的客户流量，整合线上线下资源，线上订单可以线下实体店就近取货，线下订单可以线上发货。与此同时，利用其自配的物流系统实现就近配送、准时送达。山姆会员店采用“门店+云仓”的覆盖方式主打自己的未来零售，京东的 7FRESH 如出一辙，盒马鲜生甚至在“门店+前置仓”的基础上提供了食材现买现做的餐厅服务。就这样，新零售商打破了 O2O、零售与餐饮的边界，成为集超市、便利店、菜市场、餐饮店功能于一体的功能复合体。

三、催生新事物

大街上全新的零售门店，店铺内悬挂于屋顶的传送带，拣货员手里扫描用的 RF 枪，配送员专配的配送箱，这些场景都已从想象中走进现实。无论是新设备还是新职业，都是新零售给这个社会带来的巨大改变。而与此同时发生变化的是消费者的消费理念。手机在手，吃喝不愁。手机下单，足不出户，30 分钟就可以吃到新鲜的瓜果或是冒着热气的蒜蓉粉丝鲍鱼。

第三节 新零售模式

新零售模式是以用户体验为中心，核心是要满足消费者不断变化的需求，同时兼顾内部员工与上下游合作伙伴。它不仅要做好商品和服务营销，也要做好“人”的工作。“新零售”有以下三种主要模式。

（1）线上线下与物流相结合，整合产品与物流渠道。实体零售企业从线下走入线上，互联网零售企业则从线上走向线下，彼此之间通过合作实现共赢。物流和商品的结合使得网上订货可在实体店取货，线下订货可在网上发货，并且线上线下统一价格等。这种合作不是原有的 O2O 模式，而是打破边界，形成全渠道商品和物流配送网络的良性循环，消费者体验得到提升，因此也制造出一些就业机会和新的职业。

（2）提供更好的体验式服务，实现消费场景智能化。目前只有小部分大型购物中心整合了购物、餐饮和娱乐，形成一体化。其他百货商店、超市、便利店和其他实体零售企业在体验式服务上还有待于进一步加强。线上与线下零售体验相结合，并不断努力实现消费场景智能化，是目前正在发展以及未来需要不断发展的主要模式。

（3）打造兼顾企业内部员工和上下游关系伙伴的“新零售”模式，即建立“新零售”生态链。这个生态链包含企业内部员工、上下游零售商以及渠道内的所有合作伙伴，在一个平台上进行合作，实现共赢，共同发展。

第四节　盒马鲜生商业模式分析

一、价值主张

依托于移动互联网及强大的物流供应链技术，盒马鲜生致力于打造社区化一站式的新型零售购物体验服务中心。盒马鲜生的产品主打高端海鲜水产品，整个消费群体也偏向中高端消费人群。而此类消费群体对产品价格属性的敏感度相对较弱，但对产品的服务质量、相关品质以及时间的敏感度要求较高。对于主打生鲜水产品的盒马鲜生来说，其产品的新鲜度直接影响到消费用户群体的核心消费体验，而盒马的高效冷链技术与30分钟极速物流配送服务，正是迎合了这类消费群对产品与服务品质的高质量追求，保证了食材的新鲜度，才真正做到了“即买即食”。

为实现线上线下的高效衔接，盒马鲜生还着力打造了“一店，二仓，五中心”的运转体系：以线下盒马门店为中心，分隔出前后两端的前端消费区与后端仓储配送区，门店复合承载餐饮中心、超市中心、物流中心、体验中心、粉丝运营中心五大中心功能区，通过多种零售业态有机结合，满足不同消费者之间的多样化、个性化需求，从而实现线上线下的闭环消费。

与此同时，通过对创新型技术的运用，盒马鲜生专门投入资金研发出“零售云”系统，整个系统搭建于云系统之上，拥有良好的技术加持。盒马的物流系统、DPS 系统、配送链体系、App 系统、POS 系统以及其 ERP 系统等有机结合在一起，构成了一套完整的盒马鲜生运作体系，在国内业界乃至世界范围内均处于领先水平。在移动互联网的背景下，综合运用物联网技术，搭配高效运转的自动化冷链物流体系，最大限度地保证盒马鲜生所主打的生鲜水产品的高规格品质，同时，基于盒马重金打造的“零售云”“无人自动化技术”配送体系，盒马鲜生“3 公里范围内半小时送达”的承诺得以完美落实。

二、价值传递

（一）业务模式

盒马鲜生作为线上线下深度融合的代表企业，采用 App“电商平台+盒马门店”的经营模式，并以盒马实体门店作为核心载体与引流入口，进行线上线下的融合打造。盒马以其“生鲜商超+餐饮体验”“生鲜配送+餐饮外卖”为特色，积极构建深度体验式的场景化营销体验场所，不断提升其商品广度，满足各类消费人群的多样化、个性化消费需求及消费体验。

（二）渠道通路

盒马鲜生的线下门店通常布局在城市商业区及泛核心商圈，在控制门店租金成本的同时，通过持续性的线上线下整合营销，为消费者提供智能化“一站式”“多场景”的新型消费体验，以此增强品牌对消费者的吸引力与认知度。在购买支付方式上，盒马鲜生通过设计打造出专门的“盒马 App”供消费者购买下单使用，利用后台来进行消费者数据的收集、解构，为消费者做出个性化的定制商品推荐，同时也通过后台数据的收集，自动反馈至门店仓储管理系统，以便相关门店更好地对货品进行相关调度分配。且“盒马 App”为门店唯一指定的线上下单支付方式，通过这个举措，使得盒马鲜生只需花费极低的成本，即可为线上进行高效的引流作业。同时，盒马鲜生还打造了“3 公里半小时极速物流配送圈”“24 小时不间断配送”等服务，显著提升了盒马鲜生的用户覆盖面及渗透率。

三、价值实现

传统生鲜零售企业受制于采购中转流通环节，使得成本叠加反映在最终商品上，而由消费者来为中间流通成本买单。据我国商务部调查，传统生鲜企业的最终加价率达到近 45%，对消费者造成了较为沉重的价格负担。盒马鲜生在成立之初就观察到这一现象，所以特结合门店当地情况，因地制宜地建设本地化自有供应基地，并联合当地其他供应商，不收取一分钱进场费，减轻了供应商的成本压力。产品从源头直采，运输至门店后直接包装上架进行销售，直接砍掉了成本负担沉重的中间商环节，使盒马鲜生的同类产品在保证新鲜度的前提下，还能与竞争对手形成价格上的竞争优势，此类“高品、优质、低价”生鲜类产品自然对消费者产生极大的吸引力。通过数字化体系，盒马门店利用云计算技术模拟预测当日各类产品的消费量来优化当日采购订单，继而在保证产品品质的同时又不造成囤积浪费。

第五节　盒马鲜生商业模式创新

目前，商业模式创新研究主要包括商业模式创新动力、创新要素以及创新路径。创新要素研究则是指改变商业模式要素之间的关系，重塑企业的价值链模型。资源是静态的，企业只有将资源组合在一起，将静态动态化，才能建立竞争能力、创造价值，从而达到企业的商业模式创新。商业模式创新路径主要是指实现商业模式创新的具体方式与手段，基于价值创造的逻辑，整合企业内部资源，重塑商业模式要素间的关系，以达到企业获得竞争优势的目的。零售行业的特点决定了零售企业商业模式与其他商业模式相比较具有自身的特点。零售企业商业模式主要注重的是零售企业的销售方式和与顾客的沟通。顾客价值主张在零售企业商业模式创新中起着决定性作用。

一、定位不同的消费者角色

盒马鲜生的很多定位是基于不同消费群体的。对于“60后”“70后”而言，做饭是一种生活本能，这类群体更注重产品的新鲜和丰富。盒马鲜生的本地菜、基地菜可以满足这类群体。大多数“80后”没有时间做饭，因此这类群体希望下班的时候能够以最快的方式做出一顿饭来，盒马鲜生有很多半成品的净菜，这类净菜可以省去消费者很多加工时间。同时，也有不少“90后”不会做饭，这时候怎么办呢？盒马鲜生超市里面有很多放到微波炉里叮一下就熟的“叮叮菜”，就比如芦笋山药汤，盒马鲜生都有半成品，只要通过简单的操作就可以把饭做好，避免了洗菜、切菜的程序。所以，盒马鲜生满足了不同年龄层对于吃的需求。

二、通过大数据重新定义餐饮

盒马鲜生刷新了全球快递的物流速度。用户下单以后最快 30 分钟送达。之所以能够实现最快 30 分钟送达，是因为盒马鲜生是基于社区的商业零售模式，一个门店覆盖 3 公里范围服务消费者。当用户拿起手机下单的时候，3 分钟之内便可通过企业研发的一套悬挂链系统，挂到各个档口，3 分钟之内完成拣货，快递员能够在接下来 20 多分钟之内，把货品送到消费者手中。同时，盒马鲜生的快递员是通过大数据与互联网技术来实现货找人。当一个包裹下单以后，这个包裹在什么档口，怎样送到最终消费者的手里，整个过程全部实现数据化。以快递过程为例，通过企业研发的飞鱼 App，可以把整个商品的目的地和现在快递员所在的位置进行实时匹配，然后在配送过程中，优选扇形配送还是圆形配送，整个过程全部都是后台的大数据在进行自动的匹配。目前，盒马鲜生已经实现了用户数字化、商品数字化、流程和管理数字化，从而大幅提高了零售的效率，提高了门店及物流的营运效率。

三、重新定义门店功能

盒马鲜生实现了线上和线下的充分融合，线下门店不仅具有销售功能，还具有跟消费者实时互动和形成用户黏性的功能。所以，这跟很多传统零售在转型的过程中，嫁接一个 App，增加一个物流，最终实现的结果完全不一样。很多传统零售在整个过程中会发现所有销售额线上占比不会超过 10%，虽然看似程序一样，但是由于目的不同而导致结果不一样。盒马鲜生最初的定义是一家互联网营销公司，线上和线下是基于不同消费者在不同场景下的需求，线上和线下的关系，既不矛盾，也不冲突。若消费者有时间，他可以带着家人到门店尝试；若没有时间，也可以在手机 App 端，在家、办公室，或其他任何一个场景下单，但是这不代表线上和线下是分离的。以盒马鲜生金桥店举例，线下高峰期的时候，线上能占到 70%，当线上订单量无法承载的时候，盒马鲜生会把很多线上消费者引到线下来，在这个过程中，线上和线下其实是可以无缝连接的。盒马鲜生构建了一个从家和办公室到门店 3 公里的社区范围，在整个过程当中，盒马鲜生已经实现了结算、配送、会员、流量和体验互动的一体化。

四、供应链整合

为满足消费者对于生鲜食品的高质量需求，盒马鲜生在寻求质量和运输、储存成本间的平衡关系上进行了大胆的试探。无论是果蔬肉类食品，还是海鲜类食品，盒马鲜生均与源头供应商直接进行合作，将次日的销售计划传达给供应商，由供应商有根据地进行统一采摘、包装和冷链运输。这种直接由供应商供应的模式不仅降低了运输和储藏的成本，也减少了中间损耗，在保证食材新鲜度的同时提升了产品的性价比。此外正是基于与源头的直接合作，产品包装上带有明显的源头信息，表现为用户可扫描商品上的二维码了解产品的产地、采摘日期、成熟程度等各类信息，较好地实现可溯源技术。而未来的盒马鲜生将进一步强大其供应链，打造更高效率、更低成本的产品供应体系。

五、创新点总结

综上所述，盒马鲜生突出了效率思维，即从线下到线上，建立集“餐饮+仓储+零售”三位一体的新零售门店，覆盖城市 5 公里社区；同时，提供外卖服务，提供 3 公里内 30 分钟送货的服务。盒马鲜生通过重构“人、货、场”，改变零售的价值链。盒马鲜生模式背后的商业逻辑，就是实现“人、货、场”的无缝连接与高度融合。“人”的变化在于，盒马鲜生依托大数据，对消费者进行多维清晰的分析，然后精准地切入新需求；“货”的变化在于，盒马鲜生模式融合线上线下，运用产地直采供应链兼顾成本和品质，采用分小量包装，灵活结算，切中消费者购物习惯；“场”的变化在于，从盒马鲜生到盒马集市，再到盒马便利店，盒马对消费场景的不断升级。

通过对盒马鲜生的商业模式分析可以发现，在新零售这条路上，不能盲目跟风，一定要想清楚它背后的逻辑和背后的思维，一切行为都应该紧紧围绕消费者需求去定义企业的产品、服务与场景，只有这样才可以打造消费者认可的企业。

第十四章　亚马逊商业模式创新分析

第一节　长尾型商业模式

一、长尾型商业模式的概念

长尾型指的是通过将不太畅销的滞销品和那些有需求的人进行匹配，以提升销售额的商业模式。此模式的核心要义是不用20%的畅销品，而选择80%的滞销品来赚钱。

配备商品时，不单单是畅销的商品，还要包括大量的滞销品，从而创建什么商品都有的场所，以此带来的结果是可以获得广泛的顾客群体，从而获得稳定的收入。

“长尾”是美国杂志《连线》（*Wired*）总编辑克里斯·安德森提倡的商业模式。如图 14-1 所示，以销售数量为纵轴，销售商品为横轴，将互联网上的销售收入进行图表化展示。从图中能够看到，左边的是最受欢迎商品及热销商品，其销售额颇多，就像恐龙在“昂首”，可一往右边就出现了下滑，销售额变得微乎其微，就像恐龙“长长的尾巴”一样不断延续着。正所谓“聚沙也可以成塔”，这些滞销品的销售额的累积，有朝一日也能够足以对抗畅销品的销售额，甚至超越畅销品的销售额。

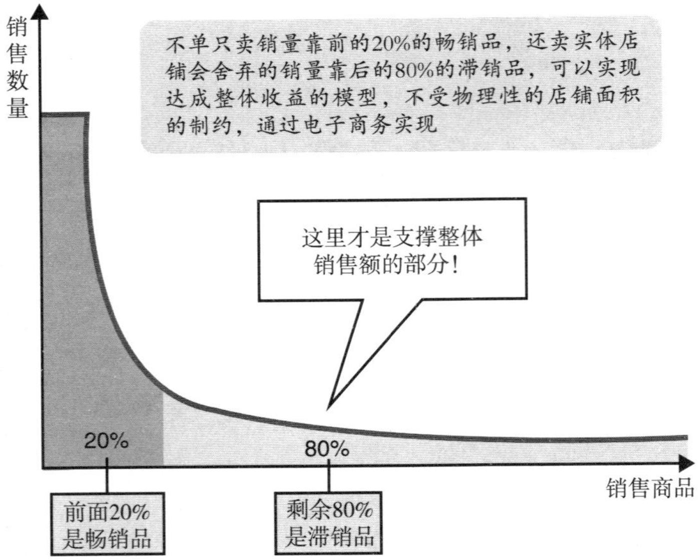

图 14-1 长尾模式示意图

资料来源：《信息通信白皮书》，2006。

二、长尾型商业模式的价值主张

长尾型商业模式的成立，基本上仅限于互联网行业。众所周知，传统的小商品店基本上只会销售一小部分的人气商品，因为有店铺面积及库存成本等物理因素的限制。如果把那些一年都未必能卖出去一个的商品摆放在店铺内，就会发生没有空间摆放其他畅销商品的情况。

因此，像 Seven-eleven 等基于 POS 数据的销售管理方式，也就是只摆放畅销商品的方式，成了实体店铺最合理的商业模式。

但是，互联网店铺的商品陈列空间可以说是无限大的。虽然实体仓库是必要的，但在电商网站上，商品图片和商品说明几乎可以永远无限地被展示出来。实体店铺不幸购进的滞销商品，在网络平台也可以一直销售下去。这样就可以产生一种“这里不是仅有畅销商品，而是什么都有”的魅力。

如今，顾客兴趣越来越多样化，而能满足其兴趣的畅销商品很难产生。如果通过互联网进行长尾销售，以往无法满足顾客需求的难题也就可以解决了。

除了物品售卖网站，通过互联网提供库存成本极低的音乐、动漫、电子书籍等服务的商家都属于长尾型商业模式应用的代表。

三、长尾型商业模式的成功关键

然而，并不是只要把商品放在网络上销售，就可以理所当然地被理解为长尾型商业模式了。有两个条件是必不可少的。

第一个是向想要利基产品的顾客去传达这里有该类商品存在的“相互匹配”。虽然滞销品也能卖，但如果不能够将信息精准地传达给对利基产品有需求的顾客，滞销品就永远都只是滞销品。

第二个是“高效”。就算是线上店铺，只要是实物销售行业就还会产生库存管理成本和物流成本，因此，以长尾型商业模式而取得成功的网络购物网站大多引入了平台模式，即招募第三方商家到自己的网站上开店，以此来扩大产品类别的数量。库存管理及配送因是第三方自行解决的，故可以有效地控制成本。

匹配和高效是长尾型商业模式成功的两个关键条件。

第二节 以长尾为基础的多种商业模式

一、依靠长尾型商业模式获利的企业典型

图书、CD、家电、服饰、鞋、文具、食品等在亚马逊应有尽有。正如其公司名称一样，像一条长长的大河川，让多种多样的商品大量流通，这就是亚马逊。

亚马逊能够成为名副其实的全球最大互联网零售商的理由之一，就是它的长尾型商业模式。

与卖场本身有物理性限制的实体店铺不同，互联网零售巨头的亚马逊没有这种限制。实体店铺，不得不将商品限制在畅销品上，而在网络卖场与实体仓库的双重加持下，销售额排名后面的滞销品、稀有物及限定物品等在亚马逊都可以售卖，这样就建立了“什么都有的卖场”的优势，让用户们不断地聚集过来。因滞销品也能卖，尾部（Tail）成为整体销售额的底部支撑。

二、高精准度的“推荐”功能

当然，如前所述，并不是摆放了商品就一定可以卖出去，所以亚马逊发力在精准推荐功能上。

基于用户在亚马逊的购买记录或搜索记录等数据，亚马逊会向用户推送推荐商品，可以为用户推送其本人都没有想到的喜欢的书或服饰等。亚马逊会利用独家的运算体系对数据进行分析，因为有压倒性数量的货品类别和用户，其计算的准确性得到了外界的肯定。通过这样的方式促进用户与这些滞销品相遇，让亚马逊实现了长尾型的应用。

三、多方平台型的根基

支撑着亚马逊的一个重要的商业模式是多方平台型。亚马逊自己拥有多个仓库和大量的库存，但同时还拥有第三方商家在亚马逊上销售产品的平台，名为“Amazon Market Place”。这个平台上聚集的商品中有一些比较稀有的珍品。

这是因为就算是第三方商家售卖亚马逊本体已在售的商品也没有竞争力，所以最后演变成第三方商家将销售比重放在了那些“虽然销量很小，但喜欢的人非常想要”的长尾商品上。

这些只是偶尔会售卖的长尾商品的库存成本也是由第三方商家自己承担的。

此外，按量计费的现收现付型也是支撑亚马逊的另一个商业模式。亚马逊曾经为了应对圣诞节等繁忙时期而充实公司的庞大数据中心。该数据中心被命名为亚马逊 EC2，作为虚拟服务器租赁给其他公司，费用则按照实际使用的量来支付，非常合理。例如，日本的菜单网站 Cookpad 等都在使用亚马逊 EC2。

除了商品多种多样外，商业模式的多样化也成了让亚马逊能够不断飞跃的引擎。

第三节　跳出传统商业模式思维

亚马逊在 2011 年 11 月 3 日宣布：为所有 Kindle 平板电脑的用户开设一个免费图书馆。只要你是亚马逊 Prime 服务的成员，且拥有一台 Kindle，就可以每月免费下载一本书；不仅没有归还日期，而且分文不收。

实际上，Prime 是一种免收运费的服务，如果你每年交 80 美元，在亚马逊网站上购买的任何商品就可以享受两天送达的免费快递。后来，亚马逊决定与 Netflix 公司的在线影剧观看服务竞争，而且供应的电影和电视剧品种越来越多，目前已经达到 1.3 万部，迅速赶上 Netflix 的片库规模。没有费用，不要钱，唯一的要求是：你是亚马逊 Prime 服务的用户。

从表面上来看，亚马逊这样做必须投入大笔资金才行。但是，由于这一优惠只限于 Kindle 用户才能享受到，因此其意图只能是：为了卖更多的 Kindle。

同时，亚马逊也透露，它提供的免费 Kindle 电子书其实并非真正免费——它要花钱向出版社购得图书的经销权。

亚马逊表示："Kindle 用户图书馆的书籍来自多家出版社，签约条件各不相同。"就其中的绝大多数书籍，亚马逊都与出版社达成了协议，以固定费率购得。而在有些情况下，则是读者每"借阅"一次，亚马逊就按标准的批发条款购买一次，并以此作为一种无风险的试验向出版社证明，这一新服务可以带来的不断增长和创收机会。

拥有多种有趣特性的 Kindle Fire，实际上相当于一台可以消费亚马逊提供的所有内容的平板电脑：图书、音乐、电视剧、电影。而它的最大特点是低价：只卖 200 美元。它等于只用 iPad40%的价格，实现了 iPad80%的功能。平板电脑的成本，不管是哪个生产厂家，每台均不下 500 美元。

虽然说 Kindle 图书馆尚未拥有世界上所有的书。刚开始里面只有 5000 种，尽管不乏好书，如《饥饿游戏》三部曲、《快餐国度》、《高效人士的七个习惯》等。可是，你一次只能借一本。但将来如果你买下这本书，或者再次借阅的话，以前所做的笔记和书签都会保留。

从以上分析我们可以看出：亚马逊的做法很疯狂。但是，亚马逊的 Prime 服务看上去却一天比一天更划算了。事实上，它几乎堪称让人无法抗拒。另外，亚马逊的思考方式跳出了传统的思维模式，做出的事情出人意料。但也不得不说，亚马逊还是有所收获的。

第十五章 携程商业模式创新分析

携程旅行网（以下简称携程）创立于1999年，总部设在上海，曾是我国最大的网络旅行社，拥有超过5000万名会员，提供旅馆预订、机票预订、度假预订、商旅管理、特惠商户及旅游信息在内的全方位旅行服务。携程于2003年12月在美国纳斯达克成功上市。携程有国内外5000多家饭店可供会员预订，每月的饭店预订量达到50余万次；在机票预订方面，携程覆盖国内外绝大部分的主要航线，在45个大中城市提供免费送机票服务，每月出票量达40余万张。

第一节 携程商业模式九要素分析

Osterwalder（2012）认为，商业模式包含九种必备要素，即价值主张、客户细分、渠道通路、关键业务、收入来源、核心资源、成本结构、重要伙伴及客户关系。价值主张即公司产品和服务能向消费者提供的价值；客户细分即公司经过市场划分后所瞄准的消费者群体；渠道通路即公司将价值传递给目标客户的各种途径；关键业务即公司商业运作中必须从事的具体业务；收入来源即公司通过各种收入流来创造财务的途径；核心资源即公司实施其商业模式所需要的资源和能力；成本结构即公司需要哪一环节付出成本；重要伙伴即公司同其他公司为有效提供价值而形成的合作关系；客户关系即公司与其客户间建立的联系，主要表现为信息沟通反馈。商业模式九要素之间相互关联，共同促进企业的发展。

一、价值主张

携程之所以能成为我国领先的综合性旅游服务公司，不仅是因为它满足了人们高质量出行的需求，还在于其提供的“三个一”服务。

一应俱全：携程提供的服务产品广泛，包括酒店车票预订、旅游度假路线安排、个性化的私人向导及携程礼品卡、信用卡，能够为消费者打造集住、行、游玩于一体的出行服务；同时，将出行为主线的各类资源整合在一个公共平台上，客户可以根据自己的需求在较短时间里完成比较复杂的出行规划，节省了时间，提高了效率，客户体验感很好。

一丝不苟：携程依托强大技术能力，服务准确率已达国际领先水平。它采用“鼠标+水泥”的模式，消费者线上操作浏览产品、预订产品，线下可以拨打携程呼叫中心，10000 多名专业人员 24 小时解决用户的售前、售中和售后问题，同时采用先进的六西格玛标准控制服务流程，将误差降到最低，带给用户最专业的服务。

一诺千金：携程会在用户体验全过程中尽心尽力地服务，第一时间为用户解决疑难杂症，妥善处理好问题，履行责任与承诺，获得用户的一致好评。

二、客户细分

携程将市场定位在中高档人士即收入水平为中等及中等以上的白领阶层，这部分人由于经常出差或商务办公需要提前预订酒店及机票产品；另外还有零散的旅游人士，携程主要提供酒店、机票预订、旅游度假、商旅管理及旅游资讯在内的全方位旅行服务，消费者可以随时通过携程 App、官网、电话服务了解所需要的服务产品，更加便捷地选择酒店、机票及旅游路线方案。携程针对不同消费者的消费能力及消费需求来提供高质量的旅游产品与服务。

三、渠道通路

携程采用传统渠道和电子媒介相结合的方式构筑渠道通路。线下一些公共场所包括地铁、车站、机场或商场里随处可见携程的广告；另外携程与线下旅游公司、恒安集团等还进行了战略合作签约，一定程度上增加了携程的曝光度，带来更多用户，也增加了成交率。随着互联网的普及，消费者使用网络的频率增加，携程加大与各网站的合作；携程还活跃于各大电视媒体平台，成为综艺节目的官方旅行合作伙伴，为用户提供节目同款旅游路线；此外，携程还邀请明星代言，利用明星知名度及用户对明星的喜爱度来扩大影响。

四、关键业务

携程提供全方位服务产品。

酒店预订服务：携程拥有中国领先的酒店预订服务中心，为会员提供即时预订服务，合作酒店超过32000家，遍布全球138个国家和地区的5900个城市，有2000余家酒店保留房间。

旅游度假产品服务：携程提供数百条度假产品路线，包括"国内外出境游""名山""都市"等，用户可以根据出行需求自由选择。

私人向导平台服务：携程私人向导平台有近500名导游加入，导游每天发布9小时的讲解和向导服务，游客可在平台上根据向导的年龄、性别、价格、服务次数、点评等选择自己心仪的导游。选择后，还可与导游沟通初步出行需求。出行前，导游也会对游客的需求定制个性化的游玩线路。确定行程后，游客即可在平台上确认合同、在线支付。

车票预订服务：用户可通过电话服务、官网及App预订机票、高铁及汽车票。

携程信用卡、礼品卡服务：目前有"任我行""任我游"两类礼品卡可选择，可预订预付类酒店、惠选酒店、机票、旅游度假产品、团购产品等。携程信用卡可以累积信用卡积分来享受各种优惠和折扣。

五、收入来源

携程的收入主要来自酒店预订代理费、机票预订代理费和在线广告。酒店预订代理费是其最主要的盈利来源。酒店是携程最重要的合作伙伴与供应商，这部分的盈利基本是从酒店盈利折扣返还中取得的。机票预订代理费是从顾客订票费中获取的，主要是顾客订票费与航空公司出票价格的差价。而携程通过与各大网站，媒体平台合作并投放广告及宣传信息，来获得广告费用。

六、核心资源

携程的核心资源及能力就在于规模经营、体系规范和技术领先。服务规模化和资源规模化是携程的核心优势之一，它有世界上最大的旅游业服务联络中心，拥有1.2万个座席，呼叫中心的员工超过10000名，机票预订网络已覆盖国际国内绝大多数航线；先进的管理和控制体系是携程又一核心优势，它将服务过程分割成多个部分，细化指标落实到不同部门，还采用六西格玛体系进行管理，在运营中将误差减到最低；此外，携程将技术创新作为企业活力源泉，拥有海外酒店预订新平台、国际机票预订平台、订单处理系统、客户管理系统、E-Booking 机票预订系统、服务质量监控系统等现代服务系统。

七、成本结构

携程的成本主要包括供应商资源积累、呼叫中心投资及处理订单的服务费。携程主要的供应商是酒店，而对酒店资源的开拓一般是一次性投入，前期负责协商酒店房间供应会耗费大部分资金，而后期对房间的维护费主要靠消费者的订单量和携程与酒店的抽佣关系来维持；为了保证和用户的交流畅通，携程建立了世界上最大的 24 小时呼叫中心，这也成为携程成本最高的部门，对于呼叫中心员工的工资支出是携程最重要的成本来源；此外，在处理订单过程中会产生大量相关服务成本，包括客服人员工资、电话通信费用、呼叫中心租金费用等。

八、重要伙伴

携程的合作对象范围广泛，覆盖国内外各大航空公司，与近 20 家海外旅游局和 16 家国内旅游局等资源方进行深入合作，还与超过 300 家金融机构和事业单位达成合作，发展成为我国遥遥领先的提供在线票务服务的优秀企业。

九、客户关系

携程注重与用户之间售前、售中和售后关系维护。呼叫中心可以为用户提供旅游票务信息咨询，提供报价并了解客户需求，收集客户服务信息；携程官网还可为顾客提供酒店、景点预订信息、线路推广等服务，让用户出行有保障；另外，携程的后台数据管理可以实时监测用户出行数据，通过反馈回来的数据信息，分析用户市场消费习惯，制订更贴近用户需求的旅游路线方案来维护客户关系。

第二节 商业模式创新点分析

一、聚焦价值活动的商业模式

携程最原始的商业模式相当单纯，就是替客户订房间、机票，这种模式并不具备高技术门槛，但携程能够拿下我国饭店、机票预订市场过半市占率，其中关键就在于把最简单的事情做到极致。

携程的客服中心是从四个人以及一套客服中心数据库软件开始的，靠跑遍全中国的饭店谈预订合作。生意逐渐增多，也让网络预订公司核心竞争力的客服中心演化出一套预订酒店、机票的标准作业流程。

2000 年左右发生网络泡沫时，我国几乎所有的网络业者都陷入危机，很多网络旅行社同业开始自行开酒店或是旅游公司，但唯有携程坚持只做好预订工作，在每一次订单中，客户的朋友是谁，谁跟谁有往来关系，每次花了多少钱、钱花在哪里、路线怎么走，都要一一记录。随着资料的累积，携程的简单模式反而创造出竞争力，日益繁复的客服中心标准作业流程，成为一道他人难以模仿的屏障，通过电脑软件记录的客户档案以及软件自动分析，客服中心的服务人员可以在电脑上看到这些资料，客户电话一打进来，报出姓名，档案就会自动显示，资料虽多却一清二楚。

携程根据经验估计，设计出不同的数据库及标准作业程序，接线员接电话，压缩到平均每次只有三分钟，三分钟内该说什么话，都有标准作业程序规范。携程还将工作人员分工进一步细化，以饭店预订来说，在接电话、做信息、联系酒店、确认预订与客户联系、记积分等一系列过程中，都是由不同的工作人员完成的，这让客户不论是在多繁忙的旺季来电，20 秒内接通率可以高达 90%。携程正是以这样的方式，创造了超过 70%的毛利率。

携程取得成功的关键是企业仅执行相对于同业为少数的价值活动，以严格精准的方法执行，让这些活动的成本降到更低、品质提升至更高或是时效拿捏得更巧，以获取更高的利润。

二、“极致精简，降低成本”模式

企业选择较少的价值活动，同时以极精简、熟练的方式执行所选择的活动，快速创造学习效果，降低成本。

携程是我国最大的网络订票订房公司，是我国服务业中最早引进制造业的标准经营服务业的企业之一。推动六西格玛服务水准，这是代表制造业极高的品质管理，六西格玛意味着每百万件产品只有3.4件不良品。携程采用六西格玛服务水准，就代表着每百万次电话只有3.4次明显错误。

制造业有许多控制品质的方式，例如，利用模型把模具打好以后，基本上品质不会有大问题，流水线作业只要按照流水线一个个环节走下去，基本上也不会发生大错误。但是服务业的业务是由人员一次次执行完成，携程有那么多客服人员，一次次的订单处理，这些服务环节很难实现像模具和流水线作业的模式。

因此，携程建立了一套详细的业务指导规范。当顾客打通电话进入携程呼叫中心时，接听电话的人全都是按照计算机上预设的程式回答的，不用再去思考，只要按照最优方案回复即可，这正是携程借助制造业模具化的原理来打造自身的质量体系的体现。

第十六章 唯品会商业模式创新分析

第一节 唯品会简介

广州唯品会信息技术有限公司（以下简称唯品会）成立于2008年8月，总部设在广州，网站于同年12月8日开通，其主要业务是在网上销售品牌折扣商品，涵盖服装、鞋包、美容化妆品、母婴用品、家居用品等主要类别。唯品会在我国开创了“限时彩妆品牌折扣”的新型电子商务模式，不断巩固加深“限时购买正品精选，品牌大折扣”的模式。唯品会的名字被解释为“唯美、品位、时尚会”。公司采用品牌授权、确保正品、限时特卖、限量抢购、确保低价的销售方式，将目标客户锁定在25~35岁的优雅白领女性，每天上新100个以上品牌，提倡优雅、时尚、有品位的生活态度。

唯品会率先在国内采用了网上特卖及“零库存”的销售模式，并一举取得成功。所谓特卖，即保证低价，限时限量；所谓零库存，即唯品会未售完商品可以退回给供应商。据悉唯品会的这种商业模式是由法国Vente-privee网站演变而来，采用“会员制+特卖”的方式。企业最初将产品定位于奢侈品，但经过一段时间的经营后并无起色，后来发现国内一、二线品牌服装、鞋帽等有大量库存，但是国内线下奥特莱斯店经营大部分均无起色，于是企业管理层萌生出做线上奥特莱斯店的想法，向消费者提供低价优质的品牌正品。

唯品会的商品包括时装、配饰、鞋、化妆品、箱包、家纺、皮具、香水、母婴用品等，合作品牌上万个，在全国五地设有仓储物流仓库，分别覆盖华北、华东、华南、西南、华中地区，每天每个地区上新品牌100多个，在线售卖5~7天，所有品牌均由国内外知名品牌代理商及厂家授权，并且每一件商品均由太平洋财产保险股份有限公司承保以确保商品为正品。公司员工1万多人，大部分工作在各地仓储仓库。截至 2020 年，唯品会已有高达 3.3 亿的注册会员。仅 2021 年第二季度，其订单量已达到 2.2 亿份，同比增长 30%，重复购买率达到 80%。

第二节　唯品会商业模式分析

正确的战略是唯品会成功的一半，要完整理解唯品会的成功，还需要理解它的另一半——唯品会的商业模式。从顾客的角度来看，唯品会是“名品折扣+限时抢购+购物体验”的组合。那么，唯品会如何有效地将这三个方面组合在一起呈现给顾客？下面从唯品会的运营系统、营销模式和服务模式三个方面进行分析。

一、线上奥特莱斯的运营系统

唯品会上销售的商品主要是品牌商过季的库存商品，它成功凭借着“低价+正品”的优势，将自己打造成线上奥特莱斯。

（一）品牌定位——奢侈品特卖平台品牌商

与当当网等在线综合零售商不同，唯品会的定位是奢侈品特卖平台品牌商，为奢侈品网络特卖提供一个高可信度的平台。

对于奢侈品网络销售而言，最大的软肋就是如何保证正品，平台的信誉度是取得消费者信任的关键。为维护平台的品牌形象、提升信誉度，唯品会在各个环节做了一系列的动作，来保证和强化自身的形象定位。在选择供货商时，对品牌商制定了硬性指标，如规定品牌需要有 200 家以上的专柜或门店才可以入网。2008 年 12 月，唯品会与中华保险达成战略合作，联合推出“正品保险”，成为国内独家为正品品牌购买保险的电子商务网站。由中华保险公司为货品提供名牌正品保险，只要发现购买的商品非名牌正品，即可通过正规的保险理赔手续，得到全额赔偿。在质量保证方面，唯品会的货品出厂前都会经过两次质检。在物流环节，唯品会创新使用商品防盗扣设计，确保商品在送到消费者手中之前不被调包。

（二）经销模式——从买手制到直线代理

奢侈品市场库存率低，厂家具有极强的议价能力，呈现明显的卖方市场特征，能否拿到一手货源就成为能否迈向成功的第一步。唯品会上线初期，由于知名度不高，加上国内厂家对限时抢购模式的概念模糊，难以得到知名厂家的支持，寻找货源困难重重。唯品会起初欲与厂家谈判网络直线代理，却得不到厂家许可。于是，唯品会果断采取从厂家直接采购的方式，自费购买 3 万~5 万元的商品再打折放到网上卖，自己亏本让消费者受益，并借此培养顾客群。随着订单量的增长和合作的深入，唯品会逐渐得到厂家的认同，累积起了与 300 多个品牌商的长期合作关系。唯品会由最初的买手模式转为现在的直线代理模式，省去中间商代理的费用和风险，同时选用错开季节采购的模式，拿到最大的折扣。甚至有部分厂家为了充分利用唯品会平台的能力，专门为唯品会定制产品类型，特供唯品会平台销售。

（三）库存模式——上新能力+仓储能力+物流能力

要在高度竞争的电子商务市场中生存，企业执行力至关重要。在国外，Vente-privee 的运作模式是首先确认网上订单，再通知品牌商发货，因此从下单到发货前后时间长达 10 天之久，然而中国的消费者缺乏耐性的特点决定这种模式在中国很难行得通。

为提升发货速度，唯品会改进了 Vente-privee 的模式，即先由品牌商发货到唯品会仓库，由唯品会全权负责货品的拍摄、上架、销售、物流和售后。这种模式保障了发货速度，但在上新能力、仓储能力和物流方面对唯品会提出很高的要求，因而这些能力的培养，也成了唯品会构建自身核心竞争力的重要来源。

唯品会拥有专门的工作室，5 个独立的拍摄间，商品运营部门员工 100 多人，专门负责产品的线上展示及美工，其产品上新能力远远高于传统电商。在仓储管理能力方面，唯品会采用自主设计的复式货架，容量翻番。每周开售 4 期，限售时间一到，库存商品马上从仓库撤走，让位给新的品牌，每个品牌在仓库滞留的时间不超过 8 天，仓库发货能力可以达到 3 万单/天。在物流系统建设方面，在华南地区，唯品会在广州南海普洛斯物流园，拥有占地 2 万余平方米的华南最大的 B2C 物流仓库，每天吞吐货物数百万件。在华东地区，唯品会在昆山淀山湖普洛斯物流园占地 2.4 万平方米的物流基地也于 2011 年 7 月正式运行。随着业务的快速发展，第三方物流已经不能满足唯品会的物流需求，继京东商城、凡客诚品等之后，唯品会也谋划着自建物流，以最大限度地减少配送时间，保证物流安全，提升作为顾客接触点的物流服务的质量和体验。

（四）盈利模式——差价+佣金

好的商业模式一方面能够洞察并满足消费者的需求，另一方面能够为企业带来稳定的现金流和利润。企业的价值获取机制，决定了企业的发展空间。赚取差价为唯品会的主要利润来源。唯品会内部有专门的招商部负责综合考量品牌的各项指标，分配产品的最合适推广位置，以达到总体效益的最大化，网页广告暂时不作为利润来源。随着会员数量的积累，唯品会可以凭借强大的客户资源从供应商处得到更高的折扣，从买手模式转变成直线代理模式，企业的盈利模式也逐渐由差价转为向供应商收取销售提成的模式。

二、限时限量抢购的营销模式

完善的运营系统意味着较强的执行力，然而还需要独特的营销模式做引擎。网络销售模式的一大弊端即容易与线下渠道产生冲突，破坏奢侈品的定位和神秘感，唯品会的限时限量抢购模式则巧妙避免了这一点。

限时限量抢购是一种饥渴式营销模式，一方面避免了货源不足带来的困惑，另一方面维护了奢侈品的高端定位。对于厂家而言，限时限量抢购模式可以有效避免与实体店冲突，还可以有效提升销售业绩，同时还能减轻厂家资金压力。唯品会与每家品牌商每年合作最多不超过 8 次，每天 10 时上线新品牌，限时抢购，每个品牌特卖的时间平均为 5 ~8 天/年。由于特卖时间有限，且并非当季新品，这种抢购模式可以有效避免与实体店的渠道冲突。据统计，唯品会在短短 5 ~8 天时间里，走货量甚至超过实体店，有效地帮厂家处理库存。过了限时抢购时间，特定品牌一周内就会从仓库中撤出，两周内，唯品会就会与厂家结算，相比于传统实体店销售模式，唯品会能够帮助厂家快速回笼资金。对于消费者而言，限时限量抢购意味着不是任何时候都有如此优惠的价格，让消费者以低价获取心仪的商品的同时还不会降低奢侈品在消费者心中的高端形象，让消费者感觉物有所值，有效满足了追求奢侈品品位而消费能力有限的中国年轻消费者的需求。

三、强调购物体验的服务模式

购物体验好坏被看作衡量电商顾客黏性的重要指标，而在奢侈品在线零售行业，购物体验更是多数运营商的一大软肋。针对于此，唯品会重点把握各个关键顾客接触点（如网站页面及功能、呼叫中心、物流速度及服务等），不计成本，最大限度地满足顾客需求，强调购物体验，提升顾客满意度及忠诚度。

首先，从技术方面来说，唯品会拥有强大的技术部门，为网站系统维护及更新提供强劲的后盾。在功能方面，唯品会网站融入 SNS 模式，为会员提供包括品牌订阅、购物分享、邀请朋友、积分换礼等丰富的功能，将其打造成集购物、交友于一身的新型购物网站，为顾客提供最舒畅的购物环境。其次，唯品会一向奉行“顾客永远都是对的”的宗旨。唯品会内部人数最多的部门就是直接为顾客服务的客服部。客服部基于完善的客户数据库，以最快的速度和最佳的服务处理顾客投诉及反馈问题，为顾客提供优质的售后服务。最后，对于与顾客直接接触的物流系统，唯品会通过设定严格的考核指标对相应的物流合作方进行考核，控制物流人员的服务质量，给顾客专业、及时、放心、舒心的签单体验。通过建设和完善现有物流系统，提升物流速度。唯品会一直在筹划自建物流系统，将包装、配送、顾客体验向标准化发展，以规避第三方物流服务差异化的影响，进一步提升顾客的购物体验。

第十七章　海底捞商业模式创新分析

第一节　海底捞简介

海底捞品牌创建于1994年，历经20多年的发展，海底捞国际控股有限公司已经成长为国际知名的餐饮企业。截至2019年12月31日，海底捞已在我国以及新加坡、越南、韩国、日本、英国、美国、加拿大以及澳大利亚等国家经营768家门店，拥有超过5473万会员和10万员工。海底捞多年来历经市场和顾客的检验，成功地打造出信誉度高，融汇各地火锅特色为一体的优质火锅品牌。作为一个业务涉及全球的大型连锁餐饮企业，海底捞秉承诚信经营的理念，以提升食品质量的稳定性和安全性为前提条件，为广大消费者提供更贴心的服务，更健康、更安全、更营养和更放心的食品。

餐饮业作为与民生相关密切的行业，我国的餐饮业从整个世界领域来看缺少品牌企业，难以形成规模化、标准化的连锁大企业是现状，究根结底还是商业模式的原因。商业模式并没有好坏之分，要放在一定的行业及其一定的阶段来衡量，好的商业模式要培养品牌的核心竞争力，专注建立核心能力，向专业化发展，进而在产品差异化方面取得成功。

第二节　海底捞商业模式创新分析

一、合理的价值主张

海底捞公司的理念是“服务至上、顾客至上”，提倡个性化特色服务，海底捞的品牌定位是“好吃的、会说话的火锅”，这一品牌定位与同行产生差异性，更能吸引消费者。海底捞最突出的企业文化就是给顾客提供最完美的服务，这也是海底捞最有力的市场竞争策略。在等待就餐期间，海底捞会提供各种服务，比如零食、美甲、桌游，另外还有儿童专区，甚至有陪儿童玩耍的服务员。海底捞抓住了顾客的需求，创造了独特的餐饮服务理念，并对整个流程进行标准化，实实在在地为顾客提供了价值。

二、独特的盈利模式

海底捞的味道和价格方面在整个火锅行业不是最优的，但其服务水平即便在中国整个餐饮行业也是可圈可点的。而且海底捞在各个配送基地配置了先进的设备，如清洗机床等，菜品加工好后集中装箱分到各个分店，既减少了成本又减少了占用分店的空间。海底捞是靠特色的服务来留住老顾客和吸引新顾客，提高翻台率以及通过标准化控制成本。海底捞的“服务利润链”为：“企业对员工好—员工有激情—员工对客户好—客户体验良好—忠诚顾客进行再次消费和口碑推广—企业获利”。另外海底捞对于员工的真诚关怀使得人员的流动率较低，从而降低了人力成本。

在海底捞，对店长的考核只有两个指标：一是顾客的满意度，二是员工的工作积极性。利润指标并不在考核指标之列，海底捞创始人兼董事长张勇认为：服务上去了，顾客满意了，利润自然就来了。而顾客的满意度通常取决于员工的积极性，员工激励成为海底捞服务管理的核心。

三、新颖的组织设计

海底捞的组织设计为“一纵五横”式，纵向为董事长管理集团下级各个领域；横向分为五级，分别是董事长、总经理、大区经理、业务部门负责人和店长。海底捞通过充分授权，使每一位普通员工有权力给顾客打折甚至免单，这种权力下放使得服务效率更高，也更好地满足顾客的需求。一线员工采用鼓励推荐制，即从身边亲人朋友中推荐，中高层则是内部提拔，这种晋升制度更有利于激发员工积极性。另外，海底捞有自己的配送中心以及先进的信息系统，使得原料配送的整个流程效率有效提高，从而提高了竞争力。

四、海底捞成功的关键因素

海底捞成立至今，市场占有率不断提升，品牌效应日益明显，目前已经成为一种口碑相传的餐饮文化。2009 年，海底捞的管理案例被写入《哈佛商业评论》，更是引发了企业管理人员学习海底捞、总结海底捞、研究海底捞的热潮。黄铁鹰曾深入调查海底捞管理模式，并撰写《“海底捞”的管理智慧》，他感慨道：海底捞你学不会。

企业靠创新产品吸引顾客，更要靠创新服务留住顾客，让顾客成为常客。事实上，海底捞的主打产品——火锅是常见菜品，火锅底料与配菜也属常见，但海底捞能够通过独特的烹制使之成为吸引顾客的美味，彰显浓郁的“蜀地、蜀风”火锅风情。更为重要的是，海底捞资源并非得天独厚，对顾客更能产生强烈吸引力的，是海底捞的优质贴心服务。去过海底捞的人都会被海底捞的服务深深触动，这是一家与众不同的火锅店，井然有序的候餐区，随意选取的零食、水果，尤其是殷勤热情的服务员，让顾客在候餐、就餐的同时享受到人性化的关怀。这种服务是许多餐馆学习海底捞，却无法复制海底捞的基本原因，这种服务构成海底捞的核心竞争力。

因此，我们说海底捞创造了一种管理文化、服务文化，这是一种能够让顾客和员工都满意的文化，能够推动企业快速发展的文化，能够让企业、顾客和员工共同受益的文化，这就是海底捞成功的一个关键因素。

第三节　海底捞品牌 O2O 商业模式应用

当今企业间的竞争，已超越简单的产品、服务间的竞争，更多的是一种商业模式间的竞争。基于物联网技术平台的 O2O（Online to Offline）是一种顺应电子商务发展趋势而产生的立足于本地生活服务的新兴电子商务模式。O2O 与消费者日常生活关联度高，对于实体店而言，其强大的推广力度及反馈可量化的推广效果可吸引大量商家，带来更多的资金流和客流。O2O 实现了消费者、商家和中间服务商（团购网、B2C、C2C 网站）等整个商业价值链的真正共赢，与其他商业模式相比，O2O 更大的潜力在于体验，让商业模式趋于完美。

海底捞餐饮品牌较早步入 O2O 电商平台，通过一段时间的努力，取得了较好的效果，主要经过了三个阶段的探索。

第一阶段，海底捞品牌利用互联网进入一线城市，在 2002 年推出外卖服务，并正式上线自己的官网，获得了成功。随后，海底捞品牌进入北京，借助点评网站不断建立企业网络形象，成功利用互联网点评平台提高了自己企业的知名度。

第二阶段，海底捞品牌利用社交平台扩大销售，积极进行全民网络营销。在不断加大点评网站改进的同时，海底捞借助互联网络不断改善自身官网的消费者服务体验，重视与粉丝的交流，其微博转发量一直高于其他餐饮企业。海底捞品牌在重视网络营销的同时，还非常重视官网的维护和建设，方便消费者查询餐厅、菜品，并简化购买过程。

第三阶段，海底捞餐饮品牌非常注重加强客户关系管理，让海底捞品牌在移动互联时代获得了巨大的成功。海底捞品牌陆续上线了移动客户端、微信公众号以及其他先进的信息系统，方便用户进行门店查询、享受外卖服务以及在线预订服务，大大提高了连锁门店的服务效率。

第十八章 小红书商业模式创新分析

第一节 小红书简介

小红书成立于2013年，并在同年推出了分享海外购物的专区。小红书用户数量于2019年突破3亿人，月活跃数轻松突破1亿人。小红书上线了名为“福利社”这个旨在提供海外购物数据、解决客户海外购物等问题的电子商务平台，从重视社区升级到重视电商，提升了用户体验，并牢牢地绑定了客户，实现了社区生态的商业闭环。

可以看出，小红书最大的价值就是为有更大消费潜力的2亿年轻人提供一个分享并探讨经验的平台。不仅如此，小红书还通过口碑营销（用户原创内容）、社区聚集和粉丝经济发展等电商模式进行创新，体现了其最大的独特性。小红书是社区电商的领军人物，有许多值得借鉴的地方，它通过用户分享消费经验，让其他用户参与讨论即所谓“社区互动”，推动其他客户在消费后在App上分享，形成一个具有正面意义的循环体系，从而发挥其更大的社会价值。

第二节 社交电商概述

一、社交电商的定义

社交电商，即社交化电子商务，是电子商务的一种新的衍生模式。它借助社交网站、SNS、微博、社交媒介、网络媒介等传播途径，通过社交互动、用户自生内容等手段来辅助商品的购买和销售行为。社交电商是指将关注、分享、沟通、讨论、互动等社交化的元素应用于电子商务交易过程的现象。从消费者的角度来看，社交电商不仅体现在消费者购买前的店铺选择、商品比较，也体现在购物过程中通过社交平台与电子商务企业间的交流与互动，还体现在购买商品后消费评价及购物分享等环节。

二、社交电商的发展模式

（一）内容型社交电商

内容型社交电商的业务模式就是以拥有共同爱好的消费者为中心，通过在社交网络发表高质量的软文、音频、短视频等内容来吸引更多的用户进行访问，积累粉丝，从而实现用户裂变和营销目的的模式。通过一定途径获得大量人气，然后通过推荐、分享、测评等形式来引导更多人的购物选择，带动销量的同时也提高了用户黏度，形成了良好的市场效果。在此模式下，平台商家具备着高水平内容输出能力和较强的选品能力。因此明星效应也成了内容型社交电商的主要发力点。

（二）社区拼团型社交电商

社区拼团型社交电商的业务模式就是将一群属性类似、喜好相近的客户群体聚在一起，通过对所建立的群的维护和产品的群的推广，来销售产品的模式。客户不仅可以利用通过微信将产品团购链接分享在亲友群中，邀请参团的强社交关系，还可以在相似爱好的群内复制团购链接加入一个共同需求的陌生人发起的团购弱社交关系来完成拼团，从而使商品产生大量订单。此模式为了能够完成拼团，客户会主动与有相似需求的人联系，推荐平台和产品，因此平台可能会获得更多的新用户，而产品也会被进一步地推广出去，进而进一步实现低营销成本、高回报的目标。

（三）分销型社交电商

分销型社交电商的主要业务模式是 S2B2C。在此模式下，每个消费者同时也是销售者。通过“社交电商—发展分销—赚取佣金”的模式，供应商提供小商家低于市场价的价格，以一件代发的模式销售商品给小商家的顾客。在此模式下，小商家只需在平台上缴纳一定的费用或购买商品会员资格来开设店铺，选取平台提供的商品上架，然后再利用社交软件向周围的人脉发布商品信息链接并进行推销。如相关人员有购买意向，则可以通过链接去小商家的店铺购买，随后小商家就可以获得一定佣金或返利。如果是供应商，小商家通过缴纳代理费用，获得低价格，在自己的朋友圈或者群里发布广告来吸引顾客购买，价格由小商家自己定，从而赚取差价。

第三节　小红书社交电商的商业模式

一、市场定位

随着电商模式的推动发展，小红书被越来越多的人称为社交电商平台，在这样的模式下，社交只是辅助，电商才是真正的目的。小红书早期更多地专注于做海淘购物分享，这使得其在用户心目中有一个完整的定位。等它在用户心中建立一个品牌形象之后，便开始向社交电商方向转型。随着人们消费习惯的改变，小红书开始引入一些流量明星入驻进行宣传，改掉成立初期零广告投放的模式，秉持“让全世界的好生活触手可及”的理念，赞助一些热门综艺，使小红书更加深入人们的眼帘。同时，更多的用户开始在小红书平台上进行关注、分享、沟通、讨论、互动等社交行为，使小红书从一开始的海淘电商平台转向现在的综合社交电商平台，让小红书不仅仅局限于海淘和海淘购物分享，也开始向美妆、育婴、旅游、健身、摄影等多方面进行发展，更加多元化。这些都使得小红书成为当下年轻人在购物前进行商品对比分析，购物后经验分享讨论的一个极具影响力的社交电商平台。

二、价值主张

一个社交电商平台能够走向成功，少不了正确的价值主张，小红书之所以能够走向成功，正是因为其创始人在确定了自己的市场定位以后，主张“小红书，标记你的生活”，让用户爱上分享自己的生活，分享自己的购物经验。小红书正是看懂了这样的用户群体，了解他们需要什么，清楚自己需要提供什么，明白了这些用户的特点，于是开始打造社交电商，利用正确的价值主张来留住用户。同时，随着经济水平的提高，越来越多的人开始青睐海外产品，开始喜欢海淘，而小红书又是以海淘购物和海淘购物分享为主，有了经验，同时又解决了海淘难、海淘贵的弊端，这使得更多的人使用小红书，喜欢在小红书上进行交流分享，让更多相同爱好的人聚集在小红书，巩固这样一个社交电商平台。

三、盈利模式

由于消费习惯的变化，现在许多电商平台都在丰富其内容，开始越来越多元化，向社交电商转变，因为只有优质的内容才会带来丰富的流量，而只有丰富的流量才会使一个电商平台走入人们的生活，才会有更多的盈利。小红书就是紧紧抓住了这一点，才会像今天一样成功。

首先，小红书在内容中植入商品。具体而言，小红书会优先使用优质的内容，以此来吸引大量的流量，等待用户进入页面之后，会看见此产品购买的相关链接，可以直接进行购买，完成一站式服务。在此过程中，用户还可以了解到此产品的相关信息，也可以与其他用户进行对该产品的交流互动，来确认该产品是否真的能够满足自己的需要。

其次，小红书抓住粉丝经济，通过名人带货来推动其电商的发展。如今，越来越多的明星和“网红”入驻小红书，因此吸引了大量的粉丝也跟着使用小红书，用户更多关注的不是内容，而是人。这些人通过小红书进行带货，使小红书的盈利模式更多地依靠粉丝经济。

最后，小红书开始利用广告来引流变现。在当前的经济形态下，不论是产品还是平台的发展，想要走向成功，都少不了要利用广告来进行引流。好的广告不仅可以让平台本身映入人们的眼帘，更可以给平台带来丰厚的利润。优质的广告投放，会让一些从未使用过小红书的人有一种“从未使用过，但是一听就知道”的想法，这也不失为一种培养潜在用户的做法。

第四节　基于社区平台的商业模式创新路径分析

一、社区定位

小红书定位于年轻有购买力的女性学生、白领，以及有丰富的购物经验的“购物达人”“海淘达人”，她们乐于将自己的购物体验发布到社区中与大家分享，并吸引一些乐于收集与兴趣相关信息的购物者，通过互动刺激其关注者进行消费，形成良性循环。而小红书同时也是电商平台，获得商品经验的用户可以便捷地在小红书内进行购物。

二、社区结构化管理

（一）纵向结构

小红书将数据结构化，用户在分享购物心得时，可以上传文字、照片，编辑商品名字、图样、价格和购物地点，照片下面有该商品的标签，还可以通过评论跟发布者互动。重要的是，小红书通过整理收集获得大量的底层数据，可以精准地分析不同用户的需求，精确地采购商品，降低资源浪费，保证推送的商品是深受用户喜爱的。

（二）横向结构

小红书不断从平台内部扩张，加入了美国、韩国、日本等国 9 个购物目的地。且各自的目的地中，也有如旅行、美食等分类，实现了丰富和完善目的地的信息分享和商品采购。此外，除了电脑 PC 端外，小红书同时开发了苹果和安卓移动终端的 App，且可在社交平台微博、微信进行口碑传播，满足用户的分享和求知需求。小红书借助互联网分享社区用户心得，能比专业的购物平台更好地进行外部扩张。

三、社区内容的维护

小红书更注重用无意识信息分享来进行社区营销。从交流性的社区升级到社区型的电商，完全凭借用户自身的喜好进行分享，让用户能和同样喜欢或兴趣相同的人进行交流，这就是小红书利用口碑传播带来的商品利益。随着对用户数据的挖掘，小红书不仅能够将商品信息结构化，还可以根据口碑营销推荐出个性化商品供用户选择。

第十九章　沃尔玛商业模式创新分析

第一节　沃尔玛在华商业模式分析

沃尔玛公司于1996年开始进入中国市场，在中国深圳成立了首家沃尔玛购物广场和山姆会员店，经过20多年的发展，现在沃尔玛在中国已经拥有400多家实体店，业态主要为大型超市、山姆会员店、社区店等。沃尔玛非常重视中国市场，与中国本地多家上下游供应商互利合作。后来，沃尔玛公司逐步扩大资本投入，发展线上线下业务。2018年，沃尔玛将原有名称更改为“沃尔玛公司”。

一、业态形式

沃尔玛在中国发展的主要业态为沃尔玛大型超市、山姆会员店、社区商店等。

（一）沃尔玛大型超市

沃尔玛在中国的大型超市经营面积为6000到10000平方米之间，主要经营食品、家电、服装等种类繁多的商品。针对的目标消费群体主要为具有一定购买力和经济能力的中等收入群体，满足消费者一站式购物体验，遵循“一站式购齐”的原则。同时，沃尔玛大型超市保证产品质量以及安全标准，为消费者提供省心、省钱的产品，并根据顾客需求不断地改进产品和服务。

（二）山姆会员店

沃尔玛旗下的山姆会员店于1990年从美国进入海外市场，如今在全世界有800多家，会员人数超过5000多万，规模庞大。山姆会员店于1996年进入中国市场，第一家山姆会员店开设在深圳。截至2021年9月，已有34家之多，分别分布在北京、上海、深圳、武汉、珠海等城市。

（三）社区商店

沃尔玛在中国开设了一些“社区商店”，这种商店购物面积较小，它主要出现在社区，服务对象也主要为社区群体。与本土零售商相比，沃尔玛社区店商品种类很多，如它可以提供本土零售商没有的生鲜食品。

二、沃尔玛超市在华商业模式要素分析

下面将基于较为权威的Osterwalder学者的九要素理论，对沃尔玛超市在我国运营的商业模式要素进行分析。

（一）价值主张

沃尔玛超市原有的品牌定位是“天天平价，始终如一”，品牌使命是“为消费者省钱，让他们生活得更好”。新零售环境下，沃尔玛超市在原有的基础上品牌定位是“为顾客提供高价值、高性价比的商品和服务”。如沃尔玛超市在货架上摆放商品时，会将高价值商品放置在最佳的地方，以此吸引顾客视线，引导顾客购买。

在服务方面，沃尔玛超市在原有顾客至上的服务准则上，增加顾客场景化和细致的服务以及便捷支付。按照场景搭配、摆放产品组合，重视展示产品的价值，如服装区陈列有精品专卖店的既视感，从商品款式到价格陈列革新，打造多个场景体验式购物区。结算时，沃尔玛超市采用微信小程序“扫码购”和自助收银机进行支付，顾客只需打开手机商品条形码，便可方便快捷地付款。

（二）客户细分

在新零售环境下，沃尔玛超市细分目标客户群体，为消费者营造全方位的购物体验，发展线上业务，实现线上线下品牌、商品一致。线下沃尔玛超市主要针对具有一定经济能力，处于中等收入层次的消费群体；沃尔玛超市线上业务则定位于喜欢网络购物、有网络消费习惯的客户群体。沃尔玛超市线上线下业务都主要针对具有一定消费能力的顾客群体。

（三）客户关系

沃尔玛通过大数据分析平台WalmartLabs获取和分析消费者信息和数据，能全面地了解顾客需求，并对顾客进行差异化的营销，从而提供让消费者满意的产品和服务。随着消费者交流平台的升级，沃尔玛超市通过沃尔玛中国官方账号、购物网站和社交平台等与顾客在线交流，同时利用社交平台积累的数量巨大的顾

客数据和信息，研究和分析顾客潜在购物需求，达到改进线上线下销售的目的。

（四）合作伙伴

沃尔玛超市的合作伙伴主要包括供应商、品牌商、网络平台商和技术合作伙伴。

1. 供应商

沃尔玛超市在中国的发展过程中，坚持本土化采购，销售的本土商品达到95%以上，除此之外，沃尔玛发展自有品牌商品主要通过向工厂和全球有实力的供应商们直接采购。在新零售环境下，沃尔玛改变原有的对供应商压价、延迟付款的行为，采用先进的信息技术，与供应商共享信息，没有中间环节直接向制造商订货。同时，沃尔玛为供应商提供实时在线的产品和库存信息，为其提供工具和数据预测供求，使其做出有效的生产计划和运输计划。

2. 品牌商

除了和原有的品牌商合作，沃尔玛为了扩充生鲜、鲜食种类商品，开始加强与一些中国本土品牌商合作，联合京东到家、伊利和都乐等国内多家生鲜品牌供应商，共同打造“生鲜联盟”。预计未来将有更多品牌供应商加入这一联盟。为丰富产品种类，沃尔玛京东到家推出许多生鲜产品种类，并增加新的产品包装和品牌活动。

3. 网络平台商

实体零售企业沃尔玛超市开始拓展线上业务，沃尔玛超市和京东合作，入驻京东到家和京东商城，用户、门店和库存三通战略的顺利实施，并利用京东巨大的线上流量获得新的销量，弥补自己线上资源的不足。

4. 技术合作伙伴

沃尔玛超市发展线上线下融合的技术合作伙伴包括京东和腾讯。沃尔玛超市和京东在供应链和技术上展开了合作，实行库存信息共享。如顾客在京东商城或京东到家上下单，快递人员会从距离顾客最近的沃尔玛超市取货，以最快的速度送达，提升了顾客体验和沃尔玛超市的库存周转。另外沃尔玛和腾讯展开技术合作，采用腾讯小程序“找找货”查找商品信息和“扫码购”进行支付，顾客只需打开手机商品条形码，便可方便快捷地付款。

（五）关键业务

沃尔玛超市的关键业务包括：实体店与网络结合的运营、物流配送。

1. 实体店与网络结合的运营

沃尔玛超市实体门店发展为线上线下业务的配送中心和实行场景化建设。如沃尔玛超市以实体门店为中心，顾客线上下单，实体店线下送货或自提，服装区陈列有精品专卖店的既视感，从商品款式到价格陈列革新，打造多个场景体验式购物区；线上沃尔玛超市入驻京东商城和京东到家以及自有沃尔玛 App，沃尔玛网络店铺的运营和上下架商品信息等都需要和实体店相结合，包括统一商品品牌和价格。

2. 物流配送

沃尔玛入驻京东商城，京东相关物流进行配送。另外，沃尔玛超市联合达达—京东到家进行物流配送，店员在分拣区内完成货物包装、分拣等工作，提高工作效率，实现了实体店周边 3 公里 1 小时送达服务，为沃尔玛超市获得了更多的顾客。

（六）核心资源

沃尔玛超市核心资源包括：供应链管理系统和技术、店铺和物流等基础设施、人力资源、品牌声誉。

1. 供应链管理系统和技术

沃尔玛超市通过供应链管理系统和供应商共享信息，为供应商提供实时在线的产品和库存信息。同时，沃尔玛超市采用大数据技术获取和分析顾客信息和数据，研究和分析顾客潜在购物需求。

2. 店铺和物流等基础设施

沃尔玛超市在全国拥有多家实体店铺，建立了 9 家干仓配送中心和 11 家生鲜配送中心，物质资源丰富。另外，沃尔玛与京东到家建立了仓储一体化的云仓，云仓建立在实体店覆盖不了的地方，实体店对云仓实时补货和供货，京东到家为云仓周边 3 公里顾客提供商品配送服务。

3. 人力资源

沃尔玛超市加强对员工的培养，建立终身培养制度。经过一段时间培训，放手让员工实践、管理，充分发挥职工的潜力，进行内部提升。目前，沃尔玛开始尝试建立中国本地人的管理体系，让当地人去管理实体店。另外，沃尔玛基层员工实现了本土化，普通员工都是当地人。

4. 品牌声誉

沃尔玛超市丰富的商品种类和周到的服务，以及沃尔玛超市对产品质量和安全的保障，吸引了很多忠实顾客。做公益事业和救灾扶贫等也为沃尔玛树立了良好的品牌声誉。

（七）渠道通路

沃尔玛超市的渠道通路主要由线上线下和移动端构成。沃尔玛超市线上的销售途径包括京东商城、京东到家、沃尔玛 App 等。线下沃尔玛超市利用实体门店分布广泛的优势，提供产品和送货服务如实体店顾客为网上顾客配送货物，将享受一定折扣；顾客网上下单，线下支付现金可提货等。

（八）成本结构

沃尔玛超市成本结构由线上业务和线下业务产生的成本两部分组成。无论是线上还是线下，沃尔玛超市的存货成本占总成本的大部分，沃尔玛超市通过与供应商库存信息共享，供应商供货及时来降低存货成本。除此之外，沃尔玛超市线下成本主要包括营运成本、租金、人员成本、宣传推广等费用。沃尔玛新店开设和云仓的建立也占据一定成本。国内房价的上涨导致租金逐年上升，占据相当大的比重。最后，沃尔玛对人员成本和宣传推广等费用进行了控制，它很少在电视媒体上做广告，多采用电话网络形式从而降低成本。

沃尔玛超市线上业务产生的成本主要由网上店铺和移动终端的建设成本、运营成本、采购成本、物流成本等组成。网络技术的发展使得网络平台的建立与维护在总成本中占比变小，沃尔玛利用实体店直接向供应商采购，降低了采购成本。

沃尔玛良好的品牌影响力为沃尔玛发展线上业务减少了营销成本。沃尔玛和京东合作，营销推广成本和物流配送成本也相对可控。

（九）收入来源

沃尔玛超市的收入来源主要由线下和网络销售构成。

沃尔玛超市线下收入来源包括零售销售、销售品牌商品、促销、条码等费用。沃尔玛超市收入主要来自零售销售，从供应商那里采购商品后销售出去赚取差价获取收益。另外，沃尔玛通过出售自己的品牌商品获得利润，以及向供应商收取条码费和促销等费用，不收取入场费，以此减少供应商的运营成本。

沃尔玛超市网络销售收入来源包括京东商城、京东到家、沃尔玛 App 等。沃尔玛超市进驻京东商城和京东到家，利用京东线上巨大流量开拓市场，发展线上业务，销售商品，获取收入。

第二节 沃尔玛商业模式制胜秘籍

一、物流网络征服小型商圈

在 Kmart 和塔吉特之后，1962 年美国又出现了一家连锁折扣店，这家店就是由山姆·沃尔顿（Sam Walton，1918—1992）创办的沃尔玛。当时 44 岁的沃尔顿和兄弟们共同经营了 16 家店铺，这些店铺无一例外，都位于不到 6000 人的小镇。

以中小城镇为战略据点的沃尔玛发展极为缓慢，到了 1979 年，店铺总数才达到 275 家，仅为 Kmart 的 1/6。

20 世纪 80 年代以后，Kmart 的发展逐渐趋缓，而沃尔玛却异军突起，取得了骄人的业绩。当时，沃尔玛的营业增长率超过了 40%（Kmart 同期为 14%），远高于同行业的平均水平。

到了 1990 年，沃尔玛的营业额终于赶上了 Kmart。之后它凭借“价格更低、品类更全”的理念最终打败了 Kmart 这个宿敌。

在该行业中，进货成本约占营业额的七成，沃尔玛因何能比大自己数倍的 Kmart 价格还低、品类还全呢？

其实答案就在于沃尔玛的物流体系。正是因为这一体系使许多店铺联系在了一起，共同支撑起了沃尔玛的飞跃式发展。

1970 年，沃尔玛设立了首家物流中心。到了 1986 年，物流中心已增至 8 家，占地面积共计 80 万平方米。一个物流中心可以覆盖半径 240 ~ 480 千米的地区（含 100 ~ 175 家店铺）。物流中心只要接到订单，不管货多货少，48 小时内基本可以送到。

因此，店内的备货量只需维持两天，这样就避免了货架上同一产品堆积如山的现象。此外沃尔玛虽在乡下，单个店铺的销售额低，但是商品的周转快，最大限度地避免了仓库退货和废弃处理。

曾经大家都以为折扣店只有在大中城市才能存活。然而沃尔玛稍加改变，就让这种商业模式在中小城镇找到了立足点。这种改变，不仅减少了竞争对手，也拉动了周边地区的人口增长。

而且，沃尔玛的店铺和物流一旦完备，就会在当地形成统治地位。竞争对手再想进入，就要承担极大的风险，正因如此，沃尔玛成功地保持了自己在行业内的竞争力。

2000 年，沃尔玛的市场份额超过了 70%，而 Kmart 却在 2002 年不堪重负，宣布破产。Kmart 破产后，与同样苦于经营的西尔斯合并，试图摸索出一条新的生存之路。Kmart 与沃尔玛商业模式比较如表 19-1 所示。

表 19-1 Kmart 与沃尔玛商业模式比较

公司	Kmart	沃尔玛
顾客	大都市的消费者	中小城市的消费者
价值提供	特卖 物美价廉、品类齐全	长期低价 物美价廉、品类齐全
盈利模式	（以大型商店为前提） 提高进货配送效率	（通过中小规模的店铺的网点覆盖） 提高进货规模和商品周转率，节约经费
竞争力	整体的进货规模	物流中心（低成本操作）

资料来源：三谷宏治，2015。

二、规模制胜的商业帝国

沃尔玛的创始人沃尔顿先生于 1918 年出生在美国俄克拉何马州的农村，从小放牛养马、挤牛奶、养兔子、卖鸽子。中学与大学时期，他在餐馆、商店打工，自己赚钱上学，家境极普通。大学毕业后，他在一家连锁商店工作过两年，还在 1941 年至 1945 年当过兵。1945 年至 1962 年间，在阿肯色州的农村，他通过加盟“BenFranklin”品牌开过多家连锁店，积累了经验。当时让他极其痛苦的问题有两个：一是他必须付很高的批发价进货，因他的规模太小，没办法，只好忍受批发价，得不到出厂价；二是像阿肯色州的农村这种偏远的地方，人口少、市场小，没有批发商愿意往那里送货。沃尔顿自己要想法安排人运货，这又会让成本升高。

1962 年，在阿肯色州的一个小镇，沃尔顿开了第一家“沃尔玛超市”，立足于“天天平价”。随即在其他小镇扩张，到处复制沃尔玛超市，连店内的布局在各地也完全一样。他只选那些没人去、人口在 5000 至 25000 之间的乡镇。那些小地方，不仅没有竞争，而且每开一家超市，当地人马上会家喻户晓，不用花钱做广告，他们也会来。到 1969 年，沃尔玛一共开了 18 家规模相当大的分店。到 20 世纪 90 年代，沃尔玛有三分之一的连锁店都在这种没有竞争的小镇，“从农村包围城市”的战略让沃尔玛掌控相当强的定价权。有了这种优势做后盾，公司相对于对手的竞争力就强了。

到 2019 年，沃尔玛成为世界上最大的零售公司，在全球有 8500 多家门店，雇用 220 万员工，每周 1 亿多顾客光顾其商店，年销售额大约 5100 亿美元。这些商场的货物由总公司统一采购，比如鞋、衣服、玩具、家电，只要沃尔玛决定从哪家制鞋厂进货，那就是每年许多亿双鞋的订单，那家制鞋公司就不用找别的客户，只为沃尔玛生产就够它发展了。正因为这样，沃尔玛就有非常强的议价能力。以最便宜的价格直接从厂商进货，不仅给沃尔玛很大的盈利空间，也让它有能力跟任何人竞争。因此，从厂商直接采购是沃尔玛压低成本、提高利润的主要策略。

第二十章　抖音商业模式创新研究

第一节　抖音简介

短视频日渐成为人们消磨闲暇时光的主流方式。2016 年 6 月，字节跳动正式推出抖音，并在短时间内以“黑马”的姿态突破重围，占据 App Store 下载总量排行榜首的位置。相较于其他短视频平台，抖音的个性化推荐算法，使得用户将关注点聚焦于内容上，不易形成较为固定的粉丝关系，从而起到了弱化平台粉丝属性的作用。

2019 年 1 月 18 日下午，中央电视台与抖音短视频举行新闻发布会，正式宣布抖音将成为《2019 年中央广播电视总台春节联欢晚会》的独家社交媒体传播平台。会上公布了 2019 年央视春晚“幸福又一年”的新媒体行动，抖音将同央视春晚在短视频宣发及社交互动等领域展开全方位深度合作，调动广大年轻群体，面向全球华人，以参与代替评论，用参与引导关注，助力春晚传播。

抖音 App 是一款社交类的软件，通过抖音短视频 App 你可以分享你的生活，同时也可以在这里认识到更多的朋友，了解各种奇闻趣事。抖音实质上是一个专注年轻人的音乐短视频社区，用户可以选择歌曲，配以短视频，形成自己的作品。它与小咖秀类似，但不同的是，抖音用户可以通过视频拍摄快慢、视频编辑、特效（反复、闪一下、慢镜头）等技术让视频更具创造性，而不是简单地对嘴型。

第二节　抖音商业模式要素分析

在新技术变革的背景之下，打造互联网赋能的新经济企业是当前商业模式的重中之重。商业模式较为清晰地解释了企业如何组织和构建价值创造网络，并以此为其创造价值的商业逻辑。利用商业模式可以实现对企业进行抽象化的表现，从而可以从资本的角度出发，分析研究企业的核心产品及服务。商业模式是通过将企业的核心要素及其关系转换为业务逻辑从而描述企业的复杂性。魏炜等（2012）提出，商业模式的组成要素包括六个方面：定位、业务系统、关键资源能力、盈利模式、现金流结构和企业价值。企业的定位影响着企业未来的成长空间、业务系统及关键资源能力。而企业的现金流结构也同样受盈利模式的影响，收益能否持续增长将影响企业价值实现的效率和速度。下面将基于六要素对抖音进行商业模式分析。

一、定位

"抖音——记录美好生活"，向用户传达了一个信号，即抖音是一款致力于满足用户表达自我、记录美好生活的短视频分享平台。与其他短视频软件不同，音乐可以说是抖音 App 的关键，通过将音乐与短视频有机结合，打造一个专注新生代的社交平台。

在目标客户定位方面，抖音短视频的目标群体为年轻人，以"90 后"居多，大致可以分为两种类型：第一种类型为内容创作类，他们具有强烈的自我表达欲望，喜欢记录个人生活与他人分享；第二种类型为观看娱乐类，这些人具有较强的娱乐需求和社交需求，追求潮流，富有个性。当代社会，快节奏的生活方式使人们养成了用碎片化时间获取信息的习惯，而抖音正凭借时间短、操作简单这些特点来吸引用户。

二、业务系统

在使用抖音的过程中，用户以平台作为媒介，采用去中心化的核心算法对流量进行分配，确保每个作品都可以被用户看到，任何优质的内容都存在成为爆款的可能，用户创作短视频的积极性得以提升。除此之外，"叠加推荐""热度加权"等系统与流量池相辅相成，为优质的作品提供更多曝光机会，吸引更多的流量。

三、关键资源能力

(一) 庞大的用户群

“今日头条”成立之初，作为流量入口源源不断地为抖音提供用户。相关研究报告显示，抖音用户主要集中在35岁及以下人群，该年龄段人群正是我国互联网消费的主要用户群体，其消费能力无论是在现在还是在未来都极具发展潜力。

(二) 独特的推荐算法

抖音在用户推送和智能分发等方面存在着绝对的优势。与其他短视频平台不同，抖音充分利用去中心化的传播机制，改变以往自媒体平台将资源向网红达人倾斜的现象，以内容为中心，使得所有优质作品有着相同的曝光机会，实现短视频传播价值最大化。

(三) 源源不断的优质内容

抖音作为优质短视频的孵化器，创造了绝无仅有的内容生态环境。素人的走红及平台的激励机制使得越来越多的用户加入短视频的创作当中，为抖音提供源源不断的优质内容，使抖音得以在各大短视频平台中脱颖而出。

四、盈利模式

抖音的盈利模式完全迎合了当代年青一代消费群体对手机的使用习惯和购物欲望。其盈利方式可以概括为：内容吸引流量，流量引入资本，资本反哺内容。通过对抖音研究报告进行分析，可将其盈利点概括如下。

(一) 第三方广告

抖音中常见的第三方广告形式主要包括：信息流广告、贴片广告以及原生广告，其中信息流广告是抖音盈利能力最强的模式之一。信息流广告中包含了保量和竞价两种不同的售卖方式。保量，也就是保证广告的交付量，广告主需要与相关负责人进行对接，以CPM（千人成本）为指标进行收费。竞价则是一种按照效果进行付费的广告宣传模式。

(二) IP化运作

IP化运作最早被运用在卡通、漫画等领域，现如今已成为社交类短视频平台的主要盈利模式之一。就目前而言，抖音在IP化运作领域已逐渐开发出一套较为成熟的变现模式。通过对有影响力的优质作品进行深度开发，利用 IP 化船舶矩阵和 IP 延伸两种方式，使其具有同调性、持续输出性和矩阵化等特征。

（三）电商变现

抖音的电商变现，主要依靠优质内容引导用户消费。现如今，抖音已自建电商平台，谋求流量变现，用户通过点击短视频中的链接便可以直接跳转到购物商城。除此之外，抖音还保持着与各大电商平台的合作，通过导流等方式来获取分成实现盈利。

五、现金流结构

（一）成本结构

与大部分短视频软件一样，抖音更加倾向于轻资产的运营模式，但由于受行业本身属性的限制，抖音在新用户的开发与维系等方面会产生较高的成本。在成立初期，通过“烧钱”邀请一线明显入驻、代言，并赞助各类综艺节目以此提升自身影响力。当其用户数量达到一定程度后，便将支出投入到优质内容的获取当中，并与专业 MCN 机构合作，确保优质内容能够持续地输出，以此实现用户流量的持续输入，提升用户的体验感和黏性。

（二）收入来源

抖音正在源源不断地吸引着社会各个阶层的、不同圈子中的用户，由此形成了巨大的流量，越来越多的用户通过创作短视频记录生活、分享日常、购买商品。与此同时，越来越多的品牌广告商相信并愿意在抖音上进行广告投放，为抖音的商业转化奠定了坚实的基础。抖音的绝大多数收入都要依靠流量变现。

抖音短视频的收入模式主要有三种：第一种是广告变现，这是目前最为直观也是被短视频行业普遍采用的变现渠道，通过贴片广告、信息流广告、广告植入等方式与广告主进行合作。随着短视频营销的不断升级，广告主越来越青睐更加灵活丰富的内容型原生广告。第二种是电商导流，这种方式为短视频行业提供了更多的市场机会，也丰富了电商行业的营销方式。以用户转化为目标，可以通过第三方链接或自建商城的方式实现，抖音中主要是第三方电商平台链接的形式，包括淘宝、京东商城、考拉海购等。第三种是内容付费，这是当前互联网产品发展的一种趋势，作为抖音的潜在盈利点，内容付费也有望提升整个平台短视频内容的生态品质。

六、企业价值

2020年年初，抖音国内日活用户再创新高，收入得以快速增长。非公开股票交易市场对字节跳动的估值已突破千亿美元，使其成为全球第二大独角兽企业。正所谓一荣俱荣，抖音的飞速发展也激发了资本市场的热情。在二级市场中，字节跳动相关的概念股股价频频出现异动，多只股票连续出现涨停板。在未来发展中，抖音通过向广告营销、游戏、直播带货等领域进行业务扩展延伸，极有可能带来下一波增长红利，再创估值新高。

第三节　商业模式创新点分析

一、跨边效应形成，实现盈利层面的良性循环

随着短视频行业的兴起，更多的用户与内容生产者进入抖音平台。根据双边市场与平台的互动，用户的娱乐需求获得满足后将分享自己的经历，通过口碑效应吸引更多用户参与到抖音平台中，随着用户群的增加，吸引了更多的内容生产者入驻平台提供更多的优质内容，使得用户效用提升，激发同边网络效应。由此，抖音平台通过跨边效应累积了大量用户形成巨额流量。

星云平台和抖音挑战赛，将抖音平台内容生产者和广告主间的合作正式化、规范化，强化了抖音平台的中介作用。在战术层面，抖音平台的创新型盈利模式通过短视频营销的方式解决了短视频平台盈利问题，实现了内容生产、推广服务和流量获取三者之间的良性循环。在战略层面，创新型盈利模式使得抖音平台由一个流量聚集平台，逐渐转型为一个集推广服务、内容孵化和创造价值于一体的综合性短视频社交平台。抖音平台依靠其中介作用，将抖音粉丝、广告主和内容生产者之间的联系加强，为构建生态社区奠定基础。

二、提供相关服务，构建生态社区

抖音发展至今已不再是早期的短视频分享软件，而是逐渐发展为一个包含内容生产者、广告主和粉丝的生态社区。抖音平台作为中介，利用自身渠道优势连接平台相关方，为各相关方提供相应的产品或服务，由此获得收入或盈利因素，

再反哺各相关方，形成一个存在良性循环的生态社区。此生态社区本质上是粉丝经济的产物，是以大量的抖音粉丝为基础进行构建的。没有大量粉丝集聚形成的流量，抖音平台与内容生产者和广告主的联系也就无从维持，也无法形成生态社区。

对于抖音粉丝，抖音平台提供优质内容和抖音小助手、多闪、同城推荐等额外服务，从多方面满足其需求，进而提高抖音粉丝对生态社区的依赖性，为抖音平台流量增长提供有力保障。对于内容生产者，抖音平台运用星云平台、抖音挑战赛等盈利服务将其与平台发展紧密相连，强化内容生产者与抖音平台互惠互补的合作关系。对于广告主，抖音平台则依靠其巨大的短视频营销能力为其提供导流服务，实现广告主与抖音平台间的战略合作。

生态社区构建完成后，各相关方都对抖音平台形成依赖，抖音粉丝离不开优质内容，内容生产者离不开变现收入，广告主离不开抖音平台的导流服务，从而强化了抖音平台的中介作用。

三、PUGC 内容吸引用户，培养粉丝群体

优质内容是短视频平台发展的核心竞争力，也是转化普通用户为忠实粉丝的关键因素。抖音平台没有走全面 UGC（User Generated Content，用户自制内容）生产的内容产出模式，而是强化头部内容的专业性与内容的充实性，依靠头部优质内容提高抖音粉丝黏性。

抖音随其着不断发展，引入了认证 MCN 机构。认证 MCN 机构可参与内容生产，以此弥补 UGC 模式下内容空洞、剪辑拍摄手法粗糙的问题，即 UGC 与 PGC 相结合，形成 PUGC（Professional User Generated Content，即“专业用户生产内容”或“专家生产内容”）的内容生产模式。在抖音平台中，UGC 内容占据了很大比例，但吸引流量的头部内容仍是 PUGC 的主战场。“业余专业化”，即 PUGC 将成为抖音平台的主要趋势。

参考文献

[1] Amit R, Zott C. Value creation in e-business. Strategic Management Journal [J] . Journal of Retailing and Consumer Services, 2001, 22 (6-7): 493-520.

[2] Timmers, P. Business models for elecronic markets [J] . Journal on Electronic Markets, 1998, 8 (2): 3-8.

[3] Stewart D W, Zhao Q. Internet marketing, business models, and public policy. Journal of Public Policy & Marketing [J] . 2000, 19 (2): 287-296.

[4] Mahadevan, B. Business models for internet-based e-commerce: an anatomy [J] . California Management Review, 2000, 42 (4): 55-69.

[5] Applegate, L M. E-business models: making sense of the internet business landscape [A] . in Dickson G, Gary W, and de Sanctis G (Eds) . Information technology and the future enterprise: new models for managers [C] . New York: Prentice Hall, 2001: 136-157.

[6] Pigneur Y, Osterwalder A. Investigating the use of the business model concept through interviews [C] . ICEB'2004 Beijing, 2004: 88-92.

[7] Chesbrough H, Rosenbloom R S. The role of the business model in capturing value from innovation: evidence from Xerox Corporation's technology spin-off companies [J] . Industrial and Corporate Change, 2002, 11 (3): 529-555.

[8] Dubosson-Torbay M, Osterwalder A, Pigneur Y. E-business model design, classifycation and measurements [J] . Thunderbird International Business Review, 2002, 44 (1): 5-23.

[9] Sorescu A, Frambach R T, Singh J. Innovations in retail business models [J] . Journal of Retailing, 2011, 87: 3-16.

[10] Michael Morris, Minet Schindehutte, Jeffrey Allen. The entrepreneu's busi-

ness model: toward aunified perspective [J] . Journal of Business Research, 2003, 58 (1): 726-735.

[11] Osterwalder A, Pigneur Y, Tucci C. Clarifying business models: origins, present and future of the concept [J] . Communications of the Association for Information Systems, 2005, 16 (1): 1-25.

[12] Velu C. Business model innovation and third-party alliance on the survival of new firm [J] . Technovation, 2015, 35: 1-11.

[13] Madsen H L. Business model innovation and the global ecosystem for sustainable development [J] . Journal of Clearner Production, 2019, 3 (21): 17-21.

[14] 王波，彭亚利. 再造商业模式 [J] . IT 经理世界，2002 (7): 88-89.

[15] 罗珉. 组织管理学 [M] . 成都：西南财经大学出版社，2003: 101-107.

[16] 翁君奕. 介观商务模式：管理领域的"纳米"研究 [J] . 中国经济问题，2004 (1): 34-40.

[17] 钱志新. 创新商业模式探析 [J] . 现代管理科学，2007 (8): 3-4+105.

[18] 朱武祥，魏炜. 发现商业模式 [M] . 北京：机械工业出版社，2009: 10-19.

[19] 原磊. 国外商业模式理论研究评介 [J] . 外国经济与管理，2007, 29 (10): 17-25.

[20] 詹志芳，薛金福. 中国式营销 [M] . 北京：世界图书出版社，2011.

[21] 魏炜，朱武祥，林桂平. 基于利益相关者交易结构的商业模式理论 [J] . 管理世界，2012 (12): 125-131.

[22] 罗珉，李亮宇. 互联网时代的商业模式创新：价值创造视角 [J] . 中国工业经济，2015 (1): 95-107.

[23] 张茜，李靖宇，饶佳艺，等. 基于利益相关者分析"女神的新衣"：如何构建 TV+商业模式 [J] . 管理评论，2015, 27 (8): 234-241.

[24] 魏泽龙，张琳倩，魏泽盛，等. 商业模式设计与企业绩效：战略柔性的调节作用 [J] . 管理评论，2019, 31 (11): 171-182.

[25] 今枝昌宏. 商业模式教科书（高级篇）[M] . 王晗，译. 北京：华夏

出版社有限公司，2021：4-5.

［26］魏炜，林桂平，朱武祥．什么是商业模式？越独特就越好吗？不，要做到交易成本最低！［J］．深圳特区科技，2008（Z2）：72-83.

［27］胡保亮，赵田亚．价值模块整合双元性对物联网商业模式的影响［J］．技术经济，2016，35（2）：8-13.

［28］吴玉玲，吴迪．互联网企业商业模式结构模型研究文献综述［J］．当代经济，2018（2）：78-79.

［29］原磊．商业模式体系重构［J］．中国工业经济，2007（6）：70-79.

［30］Teece David J. Business Models，Business strategy and innovation［J］. Long Range Planning，2010，43（2-3）：172-194.

［31］项国鹏，罗兴武．价值创造视角下浙商龙头企业商业模式演化机制——基于浙江物产的案例研究［J］．商业经济与管理，2015（1）：44-54.

［32］Osterwalder A，Pigneur Y. An ontology for e-business models［M］. Oxford：Butterworth-Heinemann，2004：65-97.

［33］Weill P D，Vitale M. Place to Space：Migrating to eBusiness Models［M］. Boston：Harvard Business School Press，2001.

［34］Voelpel Sven C，Leibold Marius，Tekie Eden B. The wheel of business model reinvention：how to reshape your business model and organization fitness to leapfrog competitors［J］. Journal of Change Management，2004，4（3）：259-276.

［35］翁君奕．商务模式创新［M］．北京：经济管理出版社，2004.

［36］Shafer Scott M，Smith H Jeff，Linder Jane C. The power of business models［J］. Business Horizons，2005，48（3）：199-207.

［37］Bouwman Harry，De Vos Henny，Haaker Timber. Mobile Service Innovation and Business Models［M］. Berlin：Springer，2008.

［38］郑娟，李华晶，贾莉，等．社会企业创业的商业模式研究［J］．商业时代，2014（7）：85-86.

［39］汪寿阳，敖敬宁，乔晗，等．基于知识管理的商业模式冰山理论［J］．管理评论，2015，27（6）：3-10.

［40］熊国钺，袁婧祎．互联网平台企业的商业模式成功要素研究［J］．管理观察，2016，（2）：72-74.

［41］吴晓波，赵子溢．商业模式创新的前因问题：研究综述与展望［J］．外国经济与管理，2017，39（1）：114-127.

［42］李鸿磊．商业模式设计：一个模块化组合视角［J］．经济管理，2019（12）：158-176.

［43］刘志迎，曹淑平，武琳，等．互联网企业商业模式循环迭代创新的演化机制——基于单案例的探索性研究［J］．管理案例研究与评论，2019，12（4）：335-348.

［44］仝自强，李鹏翔．技术型初创企业商业模式创新演进机理研究［J］．软科学，2021，35（3）：55-62.

［45］贺杰，顾明媚．共享经济下商业模式的创新路径——以春雨医生为例［J］．现代企业，2020（11）：36-37.

［46］李亚男，彭雪蓉．传统服务型企业商业模式架构要素及其与技术创新的过程匹配——一个基于旅游企业的多案例研究［J］．旅游研究，2020，12（6）：1-13.

［47］冯雪飞．商业模式创新与顾客价值主张：理论，模型与实证［M］．北京：经济管理出版社，2016.

［48］王丽娜．商业模式创新设计：重塑小微企业核心竞争力［M］．上海：上海财经大学出版社，2015：2-6.

［49］Magretta J. Why business model matter［J］. Havard Business Review 2002，80（5）：86 -92.

［50］Makinen S，Seppanen M. Assessing business model concepts with taxo - nomical research criteria：A preliminary study［J］. Management Research News，2007（30）：735-746.

［51］Mansfield G M，Fourie L C H. Strategy and business models—strange bedfellows? A case for convergence and its evolution into strategic architecture［J］. South African Journal of Business Management，2004，35（1）：35-44.

［52］Seddon P B，Lewis G P ，Freeman P，et al. The case for viewing busi - ness models as abstractions of strategy［J］. Communications of the Association for Information Systems，2004，13（1）：427-442.

［53］Yunus M，Moingeon B，Lehmann-Ortega L. Building social business models: lessons from the Grameen experience [J] . Long Range Planning, 2010, 43 (2): 308-325.

[54] Gary Hamel. Leading the revolution: an interview with Gary Hamel [J] . Strategy & Leadership , 2001.

[55] Gianluca E, Antonio L, Giuseppina P, et al. An intellectual capital perspective for business model innovation in technology-intensive industries: empirical evidences from Italian spin - offs [J] . Knowledge management research & practice, 2017, 15 (2): 155-168.

[56] Zott C, Amit R. Business model design: an activity system perspective [J] . Long Range Planning, 2010, 43 (2): 216-226.

[57] Mitchell. D, Coles C. The ultimate competitive advantage of continuing business model innovation [J] . Journal of Business Strategy, 2003, 24 (5): 15-21.

[58] Aspara J, Hietanen J, Tikkanen H. Business model innovation vs replication: financial performance implications of stategic emphases [J] . Journal of Strategic Marketing, 2010, 18 (1): 39-56.

[59] Clauss T. Measuring business model innovation: conceptualization, scale development, and proof of performance [J] . R & D Management, 2017, 47 (3): 385-403.

[60] 徐迪，翁君奕．商务模式及其创新研究 [J] ．商业时代，2004 (29): 43-44.

[61] 齐严．商业模式创新研究 [D] ．北京：北京邮电大学，2010.

[62] 高良谋，马文甲．开放式创新：内涵、框架与中国情境 [J] ．管理世界，2014 (6): 157-169.

[63] 杨锴，田锁林，郭梅．企业商业模式发展阶段及对策研究 [J] ．中国管理信息化，2012 (15): 83-84.

[64] 王晓明，谭杨，李仕明，等．基于“要素—结构—功能”的企业商业模式研究 [J] ．管理学报，2010，7 (7): 976-981.

[65] 安宇飞．商业模式创新对商贸流通企业绩效影响分析：基于竞争环境的调节作用 [J] ．商业经济研究，2021 (15): 22-25.

[66] 谢德荪．源创新：转型期的中国企业创新之道 [M] ．北京：五洲传

播出版社，2012.

［67］刘凯宁，樊治平，于超．基于 NK 模型的商业模式创新路径选择［J］．管理学报，2017，14（11）：1650-1661.

［68］朱薇．商业模式创新影响因素研究——以零售业为例［D］．扬州：扬州大学，2016.

［69］袁博．HJB 民营医院商业模式创新研究——基于“商业模式画布”视角的案例分析［D］．厦门：厦门大学，2014.

［70］刘彦蕊．商业模式创新的未来：基于科技成果商业化的视角［M］．北京：知识产权出版社，2017.

［71］Linder J C，Cantrell S. Changing business models：surveying the landscape［J］. Institute for Strategic Change，2000，34（2）：1-15.

［72］Giesen E，Berman S J，Bell R，et al. Three ways to successfully innovate your business model［J］. Strategy & Leadership，2007，35（6）：27-33.

［73］亚历山大·奥斯特瓦德，伊夫·皮尼厄．商业模式新生代［M］．黄涛，郁靖，译．北京：机械工业出版社，2013.

［74］陈文基．商业模式研究及其在业务系统设计中的应用［D］．北京：北京邮电大学，2012.

［75］Johnson M W，Christensen C M，Kagerman H. Reinventing your business model［J］. Harvard Business Review，2008（12）：51-59.

［76］Thompson J D，Macmillan I C. Business models：creating new markets and societal wealth［J］. Long Rang Panning，201，43（2）：291-307.

［77］亨利·伽斯柏．开放型商业模式：如何在新环境下获取更大的收益［M］．程智慧，译．北京：商务印书馆，2010.

［78］乔为国．商业模式创新［M］．上海：上海远东出版社，2009.

［79］王琴．基于价值网络重构的企业商业模式创新［J］．中国工业经济，2011（1）：79-88.

［80］克里斯·安德森．免费：商业模式的未来［M］．蒋旭峰，等译．北京：中信出版社，2009.

［81］徐晋．平台经济学：平台竞争的理论与实践［M］．上海：上海交通大学出版社，2007.

[82] Osterwalder A. The business model ontology—A proposition in a design science approach [D] . Lausanne: University of Lausanne, 2004.

[83] 彭俊，高萍萍．商业模式创新浅析 [J] ．经济论坛，2012 (10)：154-157.

[84] 王卓，李剑玲，丁杰．商业模式创新与评价研究 [M] ．北京：知识产权出版社，2015.

[85] 刘彬．“互联网+”商业模式创新的影响因素及机理研究 [D] ．西安：西安理工大学，2017.

[86] Pateli A G, Giaglis G M. Technology innovation-induced business model change: a contingency approach [J] . Journal of Organizational Change Management, 2005, 18 (2): 167-183.

[87] Willemstein L, Valk T, Meeus M. Dynamics in business models: an empirical analysis of medical biotechnology firm in the Netherlands [J] . Technovation 2007, 27 (2): 221-232.

[88] 吴菲菲，徐艳，黄鲁成．新技术引致商业模式创新的研究 [J] ．科技管理研究，2010 (23)：1-4.

[89] Deloitte Research. Deconstructing the formula for business model innovation [EB/OL] . http://www. Deloitte. com/dtt/cda/doc/content/bxxsiness_model_innovationl pdf, 2002.

[90] Lindgadt Z, Reeves M, Stalk G, et al. Business model innovation: When the game gets tough, change the game [J] . The Boston Consulting Group, 2009 (9): 1-8.

[91] 王伟毅，李乾文．创业视角下的商业模式研究 [J] ．外国经济与管理，2005，27 (11)：32-42.

[92] 郭毅夫．商业模式创新与企业竞争优势：内在机理及实证研究 [D] ．上海：东华大学，2009.

[93] 黄谦明．论商业模式创新与企业家精神——基于资源基础观的分析框架 [J] ．改革与战略，2009，25 (8)：163-165.

[94] 梁晓雅，陆雄文．中国民营企业的商业模式创新：基于权变资源观的理论框架与案例分析 [J] ．市场营销导刊，2009 (3)：67-73.

［95］曾萍，宋铁波．基于内外因素整合视角的商业模式创新驱动力研究［J］．管理学报，2014，11（7）：989-996.

［96］冯华，陈亚琦．平台商业模式创新研究——基于互联网环境下的时空契合分析［J］．中国工业经济，2016（3）：99-113.

［97］Sosna M，Nelly R，Trevinyo-Rodriguez S，et al. Business model innovation through trial-and-error learning：the Naturhouse case［J］. Long Range Planning，2010，43（2-3）：383-407.

［98］Gambardella A，McGahan M. Business-model innovation：general purpose technologies and their implications for industry structure［J］. Long Range Planning，2010，43（2-3）：262-271.

［99］程炜．商业模式创新研究综述［J］．价值工程，2019，38（23）：287-289.

［100］李凯悦，杨洁丽，田少卿．3D 打印制造业商业模式创新的影响因素研究［J］．技术与创新管理，2017（3）：327-334.

［101］孔凡柱．互联网+背景下制造企业商业模式创新影响因素与策略［J］．改革与开放，2017（15）：30-32.

［102］王益锋，曹禺．科技型小微企业商业模式创新影响因素分析［J］．科技进步与对策．2013，30（18）：13-17.

［103］姚伟峰．企业商业模式创新影响因素评价研究［J］．哈尔滨商业大学学报（社会科学版），2013（2）：92-95.

［104］邬关荣，唐琼，熊晖．文化创意产业商业模式创新影响因素探讨［J］．商业时代，2013（13）：119-121.

［105］赵书坤．网络零售企业商业模式创新影响因素研究：以淘宝网为例［D］．杭州：浙江工商大学，2011.

［106］郝思杰．基于粗糙集的企业商业模式创新的评价研究［D］．上海：东华大学，2012.

［107］邢相军．新能源产业商业模式创新的影响因素、机会与障碍［J］．中国流通经济，2014（8）：93-99.

［108］朱宗乾，刘彬．基于结构方程模型的“互联网+”商业模式创新影响因素［J］．开发研究，2016（6）：89-94.

［109］ Inigo E A，Albareda L ，Ritala P. Business model innovation for sustainability：exploring evolutionary and radical approaches through dynamic capabilities ［J］. Industry and Innovation，2017，24（5）：515-542.

［110］ 鲁迪，缪小明．多层次视角的商业模式创新影响因素元分析研究［J］．科技进步与对策，2018，35（13）：93-101.

［111］ 周颖．零售业商业模式创新影响因素实证分析［J］．商业经济研究，2019（2）：19-21.

［112］ 王茜．IT 驱动的商业模式创新机理与路径研究［J］．管理学报，2011，8（1）：126-132.

［113］ 李长云．创新商业模式的机理与实现路径［J］．中国软科学，2012（4）：167-176.

［114］ 李文博．大数据驱动情景下企业商业模式创新的发起机理——对 100 个大数据案例的话语分析［J］．科技进步与对策，2016，33（7）：30-35.

［115］ 王圣慧．基于大数据的商业模式创新研究［D］．鞍山：辽宁科技大学，2015.

［116］ 张越，赵树宽．基于要素视角的商业模式创新机理及路径［J］．财贸经济，2014（6）：90-98.

［117］ 张新香，胡立君．面向农村地区商业模式创新的实施机理及策略启示——一个跨案例的研究［J］．经济管理，2013，35（4）：153-162.

［118］ 刁玉柱，白景坤．商业模式创新的机理：一个系统思考框架［J］．管理学报，2012，9（1）：71-81.

［119］ 李芊．三网融合下的电视娱乐业商业模式创新研究［D］．长沙：中南大学，2012.

［120］ 张璐璐．商业模式创新影响因素研究［D］．合肥：安徽大学，2014.

［121］ 王阅，谷丽丽，陈刚．基于供应链管理的商业模式创新研究［J］．现代管理科学，2009（1）：47-51.

［122］ 陈晨．互联网“+”时代下企业商业模式创新的影响因素研究综述［J］．现代商业，2016（25）：127-129.

［123］ 王明正．组态视角下房地产开发企业商业模式创新驱动路径研究［D］．天津：天津理工大学，2021.

[124] Visnjic Ivanka, Wiengarten Frank, Neely Andy. Only the brave: product innovation, service business model innovation, and their impact on performance [J]. Journal of Product Innovation Management, 2016, 33 (1): 36-52.

[125] Christensen C M. The Innovator's Dilemma: When New Technologies Cause Great Firms to Fail [M]. Boston: Harvard Business School Press, 1997.

[126] Spieth P, Schneckenberg D, Ricart J E. Business model innovation- state of the art and future challenges for the field [J]. R & D Management, 2014, 44 (3): 237-247.

[127] Smith W K, Binns A, Tushman M L. Complex business models: managing strategic paradoxes simultaneously [J]. Long Range Planning, 2010, 43 (2-3): 448-461.

[128] Velu C, Jacob A. Business model innovation and owner-managers: the moderating role of competition [J]. R & D Management, 2016, 46 (3): 451-463.

[129] 徐青．政府支持、商业模式创新与企业创新绩效 [J]．福建论坛（人文社会科学版），2019（6）：74-85.

[130] Dai W Q, Liu Y. Local vs. non-local institutional embeddedness, corporate entrepreneurship, and firm performance in a transitional economy [J]. Asian Journal of Technology Innovation, 2015, 23 (2): 255-270.

[131] 罗兴武，项国鹏，宁鹏，等．商业模式创新如何影响新创企业绩效？——合法性及政策导向的作用 [J]．科学学研究，2017，35（7）：1073-1084.

[132] 陈静，刘元元．基于企业家认知视角的商业模式创新动因研究[J]．技术经济与管理研究，2017（11）：47-51.

[133] Linder J, Cantrell S. Changing business models: Surveying the landscape [R]. Accenture Institute for Strategic Change, 2000.

[134] Spiegel O, Abbassi P, Zylka M P, et al. Business model development, founders' social capital and the success of early stage internet start-ups: a mixed-method study [J]. Information Systems Journal, 2016, 26 (5): 421-449.

[135] Lee C, Lee K, Pennings J M. Internal capabilities, external networks, and performance: a study on technology-based ventures [J]. Strategic Management

Journal，2001，22（6-7）：615-640.

［136］王炳成，张士强，王俐，等．商业模式创新、员工企业家精神和企业文化的跨层次研究［J］．研究与发展管理，2016，28（4）：39-51.

［137］杨雪，刘成，何玉成．动态能力视角下商业模式创新对企业绩效的作用机制研究——以制造业上市公司为例［J］．工业技术经济，2019，38（2）：120-128.

［138］沈颂东，陈鑫强．资源拼凑对商业模式创新的影响——一个有调节的中介模型［J］．商业研究，2020（5）：10-17.

［139］汤莉，韩阳阳．IT能力、组织学习与商业模式创新的关系［J］．石河子大学学报（哲学社会科学版），2018，32（3）：72-78.

［140］田庆锋，张银银，马蓬蓬，等．企业战略导向、组织学习对商业模式创新的影响研究［J］．科技管理研究，2018，38（20）：15-23.

［141］陈姗姗．商业模式创新路径研究综述［J］．对外经贸，2018（12）：83-88.

［142］郭锴．企业价值链与商业模式创新的路径关系——基于电视传媒企业的分析［J］．经济管理，2010，32（7）：44-50.

［143］陈道志，王平华，宋远方．价值视角下互联网企业商业模式创新路径研究［J］．现代管理科学，2016（10）：48-50.

［144］罗蜀新，王翔祥．基于价值创造的小微企业商业模式创新路径［J］．管理世界，2016（8）：184 -185.

［145］江积海，王烽权．O2O商业模式的创新路径及其演进机理——品胜公司平台化转型案例研究［J］．管理评论，2017，29（9）：249-261.

［146］杨涛，申益平．互联网企业商业模式创新路径——基于分化的视角［J］．企业经济，2017，36（9）：35-39.

［147］张永安，吴屹然．基于新视角的商业模式创新路径研究——以腾讯公司为例［J］．经济体制改革，2015（5）：151-157.

［148］郭守亭，李万方，蔡佳佳．基于模块化思想的零售商业模式构成及创新路径研究［J］．宏观经济研究，2016（2）：113-119.

［149］刘毅，谈力．基于商业模式创新的新兴产业发展路径实证研究［J］．科技管理研究，2012，32（19）：137-140.

［150］赵绘存．中小企业商业模式创新路径的研究——以中小企业板企业为例［J］．科技管理研究，2014，34（12）：7-10，14.

［151］张越，赵树宽．基于要素视角的商业模式创新机理及路径［J］．财贸经济，2014（6）：90-99.

［152］李飞，贾思雪，王佳莹．中国零售企业商业模式创新要素及路径——基于胖东来的案例研究［J］．技术经济，2015，34（1）：37-45.

［153］王是业．基于要素系统视角的商业模式创新路径分析［J］．管理现代化，2015，35（5）：101-104.

［154］赵黎明，孙健慧．基于产品视角的消费电子企业商业模式创新实现路径研究［J］．中国科技论坛，2014（11）：103-108.

［155］李东．基于结构特征的商业模式创新：路径类型、产业效应与策略体系［J］．中国软科学，2006（11）：141-145.

［156］闪烁．海外并购热潮下的中国企业商业模式创新路径——以联想集团为例［J］．科学学研究，2010，28（4）：619-625.

［157］姚伟峰，鲁桐．基于资源整合的企业商业模式创新路径研究——以怡亚通供应链股份有限公司为例［J］．研究与发展管理，2011，23（3）：97-101.

［158］赵毅，黄林，张晓玲．动漫创作主体商业模式创新路径选择——基于轨道创新理论［J］．商业研究，2016（6）：22-29.

［159］徐明，王欣．基于适配机理的在线旅游企业商业模式创新路径分析——以携程为例［J］．湖南社会科学，2017（1）：111-116.

［160］夏清华，方琪．制造业转型与商业模式创新的路径研究——基于格力和美的的双案例分析［J］．学习与实践，2017（4）：31-41.

［161］王红，孙敏．移动互联网时代文化产业的商业模式与创新路径［J］．学习与实践，2015（10）：121-126.

［162］孙永波，陈柳钦．商业模式创新的动力机制及其路径选择［J］．发展研究，2011（11）：78-85.

［163］Pohle G，Chapman. IBM's global CEO report 2006：business model innovation matter［J］. Strategy & Leadership，2006，34（5）：34-40.

［164］Hammer M，Champy J. Reengineering the Corporation：A Manifesto for Business Revolution［M］. New York：Harper Collins，2006.

［165］ Chesbrough, Henry W. Open Innovation: The New Imperative for Creating and Profiting from Technology ［M］. Cambridge: Harvard Business School Press, 2003.

［166］ 王芳."互联网+"商业模式创新发展趋势分析［J］. 商业经济研究，2018（20）：19-21.

［167］ 刘建刚，钱玺娇."互联网+"战略下企业技术创新与商业模式创新协同发展路径研究——以小米科技有限责任公司为案例［J］. 科技进步与对策，2016，33（1）：88-94.

［168］ Hamel G. Leading the Revolution［M］. New York: Plume Books, 2002.

［169］ Morris M, Schindehutte M, Allen J. The entrepreneur's business model: Toward a unified perspective［J］. Journal of Business Research, 2005, 58（6）: 726-735.

［170］ Afuah A, Tucci C L. Internet business models and strategies: Text and cases［M］. New York: McGraw-Hill, 2001.

［171］ Kaplan R, Norton D. The balanced scorecard: Translating strategy into action［M］. Cambridge: Harvard Business School Press, 1996.

［172］ 李振勇. 商业模式：企业竞争的最高形态［M］. 北京：新华出版社，2006.

［173］ 高莉. 企业商业模式创新路径研究［D］. 武汉：武汉理工大学，2010.

［174］ 陈思静. 基于微信公众智能服务平台的商业模式创新研究［D］. 上海：上海工程技术大学，2018.

［175］ Charnes A, Cooper W, Rhodes E. Measuring the efficiency of decision making units［J］. European Journal of Operational Research, 1978, 2（6）: 429-444.

［176］ Charnes A, Cooper W, Golany B, et al. Foundations of data envelopment analysis for Pareto-Koopmans effecient empirical production functions［J］. Journal of Econometrics, 1985, 30（1-2）: 91-107.

［177］ 马占新，马生昀，包斯琴高娃. 数据包络分析及其应用案例［M］. 北京：科学出版社，2013.

［178］ Banker R D，Charnes A，Cooper W. Some models for estimating technical and scale inefficiencies in Data Envelopment Analysis ［J］. Management Science，1984，30（9）：1078-1092.

［179］ 马占新．数据包络分析方法的研究进展［J］．系统工程与电子技术，2002，24（3）：42-46.

［180］ 马占新，唐焕文．一个综合的 DEA 模型及其相关性质［J］．系统工程学报，1999，14（4）：311-316.

［181］ 魏权龄．数据包络分析［M］．北京：科学出版社，2004.

［182］ 刘潇．基于 TRIZ 与 DEA 的商业模式创新方法研究［D］．扬州：扬州大学，2015.

［183］ 贺仲雄．模糊数学及应用［M］．天津：天津科学技术出版社，1996.

［184］ 谢蓬．互联网企业商业模式价值评估研究［D］．成都：西南财经大学，2009.

［185］ 王鑫鑫，王宗军．国外商业模式创新研究综述［J］．外国经济与管理，2009，31（12）：33-38.

［186］ 许启豪．基于平衡计分卡的绩效评价［J］．商业经济，2010（6）：93- 95.

［187］ 于喜展，隋映辉．基于平衡计分卡的技术创新绩效评价研究［J］．科技管理研究，2009（9）：135-138.

［188］ Tayler，William B. The balanced scorecard as a strategy-evaluation tool：the effects of implementation involvement and a causal- chain focus［J］. The Accounting Review，2010，85（3）：1095-1117.

［189］ 刘卫星，丁信伟．基于六维平衡计分卡的商业模式评价体系构建［J］．工业技术经济，2010，29（12）：131-135.

［190］ Budde J. Performance measure congruity and the Balanced Scorecard ［J］. Journal of Accounting Research，2007，45（3）：515-539.

［191］ 郑培，黎建强．基于模糊评估和马尔可夫预测的供应链动态平衡记分卡［J］．系统工程理论与实践，2008（4）：57-64.

［192］ 吴宁宁．基于突变级数法的高技术服务业竞争力评价研究［D］．合肥：合肥工业大学，2017.

［193］余敏，朱兆珍．财务危机预警指标体系及指数构建——来自创业板上市公司的证据［J］．河海大学学报（哲学社会科学版），2015，17（1）：60-65.

［194］田红娜，刘思琦，尹洪艳．基于熵值—突变级数法的制造业绿色工艺创新能力评价［J］．科技管理研究，2019，39（24）：153-161.

［195］甄俊杰，孙慧．基于熵权—突变级数法的商业模式创新评价——以JF企业为例［J］．科技管理研究，2021，41（1）：48-53.

［196］尚虹，胡安华，杜越楠．中国科技型企业商业模式创新演化机制分析研究——以华为技术有限公司为例［J］．商讯，2021（15）：123-124.

［197］黄焕辉．浅析华为“鸿蒙”系统商业模式［J］．通信企业管理，2021（6）：50-51.

［198］彭梁洁．海尔：“毁灭式”改革［J］．宁波经济（财经视点），2018（6）：57-58.

［199］林晓芳．基于互联网时代的企业商业模式创新思考——以海尔案例分析［J］．产业与科技论坛，2019，18（15）：90-92.

［200］苏惠芝，戚少丽，安星月．商业模式创新与财务业绩分析——以青岛海尔公司为例［J］．中国农业会计，2019（11）：86-96.

［201］Kalakota R，Robinson M. E-Business：Roadmap for Success［M］Massachusetts：Addison-Wesley Longman，1999.

［202］张小宁．平台战略研究评述及展望［J］．经济管理，2014，36（3）：190-199.

［203］冯华，陈亚琦．平台商业模式创新研究——基于互联网环境下的时空契合分析［J］．中国工业经济，2016（3）：99-113.

［204］卢山．2016—2017年中国信息化发展蓝皮书［M］．北京：人民出版社，2017.

［205］吴泽方．基于互联网的家电企业商业模式创新研究［J］．广西民族师范学院学报，2020，37（6）：85-88.

［206］陈小磊．瑞幸咖啡与星巴克咖啡商业模式比较研究［D］．北京：北方工业大学，2020.

［207］王林，王荣华．从星巴克的成功谈商业模式创新［J］．对外经贸，2014（1）：112-113.

［208］欧吉．小米公司商业模式优化研究［D］．蚌埠：安徽财经大学，2020.

［209］刘玮．小米商业模式分析［J］．现代商贸工业，2018（28）．

［210］魏俊一．新电商背景下电商平台供应链转型两种模式的比较——以拼多多和京东为例［J］．物流工程与管理，2018，40（11）：80-82.

［211］倪徐冰．社交电商拼多多的商业模式分析［J］．河北企业，2020（8）：94-95.

［212］曹钰青．浅析社交电商“拼多多”的商业模式［J］．中小企业管理与科技（下旬刊），2019（12）：116-117+119.

［213］邢洋铂，孙菡清．拼多多商业模式研究——基于“商业模式画布”的分析［J］．商场现代化，2020（6）：20-23.

［214］黄子萱．社交电商与传统电商的比较研究——以拼多多和淘宝为例［J］．经贸实践，2018（23）：188-189.

［215］刘叙飏．浅析社交电商“拼多多”的商业模式［J］．新闻研究导刊，2019，10（13）：86-87.

［216］万小燕．互联网电商模式创新机制研究——以拼多多为例［J］．中国集体经济，2019（28）：106-107.

［217］三谷宏治．商业模式全史［M］．马云雷，杜君林，译．南京：江苏凤凰文艺出版社，2015.

［218］钟宪瑞．商业模式：创新与管理［M］．北京：经济管理出版社，2014.

［219］崔淑娟．零售企业的商业模式创新——以盒马鲜生为例［J］．现代营销（经营版），2021（1）：56-57.

［220］董中发，高嘉勇．基于六要素模型的新零售商业模式研究——以盒马鲜生为例［J］．电子商务，2019（10）：20-21+34.

［221］刘煜，汤定娜，刘遗志. 零售企业实现全渠道战略的路径图［J］. 商业经济研究，2015（3）：20-23.

［222］刘向东. 移动零售下的全渠道商业模式选择［J］．北京工商大学学报（社会科学版），2014（3）：13-17.

［223］卢志超，陈倩．生鲜电商新零售的商业模式研究［J］．中国集体经

济，2021（8）：113-114.

［224］李志强，赵卫军．企业技术创新与商业模式创新的协同研究［J］．中国软科学，2012（10）：117-124.

［225］夏清华，冯颐．传统零售企业线上线下双重商业模式创新的冲突与协同——以苏宁云商为例［J］．经济与管理，2016，30（1）：64-70.

［226］朱佳慧．盒马鲜生的新零售营销模式探析［J］．商场现代化，2019（17）：15-16.

［227］李志豪，万泽鑫．新零售背后商业变革的逻辑：效率裂变——以盒马鲜生及永辉超市为例［J］．中国商论，2019（21）：1-2.

［228］尹登博．移动互联网时代的新零售商业模式——以盒马鲜生为例［J］．品牌研究，2018（6）：104+109.

［229］池本正纯．图解商业模式：企业如何高效经营，提高利润［M］．耿丽敏，译．北京：人民邮电出版社，2018.

［230］江晓兴．中国商业模式创新路线图［M］．北京：中国财富出版社，2012：226.

［231］Osterwalder A，Pigneur Y. Business models and their elements［R］. Position paper for the international workshop on business models，Lausanne，Switzerland，2012.

［232］杨一铭．基于商业模型九要素下浅析携程的商业模式［J］．西部皮革，2020，42（24）：71-72.

［233］钟宪瑞．商业模式：创新与管理［M］．北京：经济管理出版社，2014：183+288.

［234］徐洪云．广州唯品会信息科技有限公司的商业模式研究［D］．西安：西安电子科技大学，2016.

［235］李雅薇．唯品会 B2C 电商企业商业模式研究分析［J］．商业经济，2019（8）：42-43.

［236］李志宏，汤小燕．唯品会：在线奢侈有道［J］．销售与市场（评论版），2011（12）：80-83.

［237］张启．中小企业转型——浅谈商业模式创新［J］．商场现代化，2012（22）：39-40.

［238］梁露丝．浅析腾讯网络营销盈利模式的创新［J］．知识经济，2009（4）：94.

［239］柳卸林，徐晓丹．餐饮业的升级与创新——以海底捞为例［J］．工业技术经济，2014，33（3）：3-13.

［240］成杰．向海底捞学习［M］．北京：中国华侨出版社，2012.

［241］黄林．海底捞的顾客体验与服务利润链［J］．销售与市场（管理版），2010（3）：86-88.

［242］刘大放，刘娟．餐饮企业商业模式对比研究——以海底捞和外婆家为例［J］．价值工程，2016，35（29）：37-40.

［243］衡虹，何丽峰．新时期企业管理和服务创新的探索与分析——海底捞的做法与启示［J］．经济界，2013（2）：41-47.

［244］邢青．餐饮企业 O2O 商业思维及实践路径——以海底捞品牌为例［J］．辽宁经济，2015（8）：39-41.

［245］周灏，徐嘉敏．"小红书" App 社区电商的商业模式研究［J］．投资与创业，2021，32（4）：127-130.

［246］霍育丽，张桓森．社交电商的发展现状及对策［J］．区域治理，2020（2）：86-88.

［247］张雯婷，刘艳．社交化电商商业模式分析——以小红书为例［J］．上海商业，2021（6）：32-33.

［248］王鑫鑫，王宗军．国外商业模式创新研究综述［J］．外国经济与管理，2009（12）：33-38.

［249］王先庆．新零售：零售行业的新变革与新机遇［M］．北京：中国经济出版社，2017.

［250］王敏．新零售环境下跨国零售企业在华商业模式研究［D］．武汉：中南财经政法大学，2019.

［251］陈志武．规模制胜：沃尔玛的商业帝国［J］．中国中小企业，2020（9）：74-75.

［252］任雅辉．基于 5G 时代对抖音短视频商业模式的探究［J］．广西质量监督导报，2020（5）：122-123.

［253］周洁如，宋晓洁．抖音的商业模式创新及其路径研究［J］．上海管

理科学，2019，41（6）：26-30.

［254］于培友，矫豪翔．抖音商业模式探析［J］．新媒体研究，2020，6（20）：72-74.

［255］周诗怡，殷菲．粉丝经济视角下短视频平台商业模式成功要素探究——以抖音为例［J］．经营与管理，2020（8）：19-22.